华章经管
HZBOOKS | Economics  Finance  Business & Management

# 穿透心智

### 企业战略定位实践方法

李广宇 著

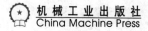

图书在版编目（CIP）数据

穿透心智：企业战略定位实践方法 / 李广宇著 . —北京：机械工业出版社，2019.1

ISBN 978-7-111-61610-8

I. 穿… II. 李… III. 企业管理 – 战略管理 – 研究 IV. F272.1

中国版本图书馆 CIP 数据核字（2018）第 278720 号

# 穿透心智：企业战略定位实践方法

| 出版发行：机械工业出版社（北京市西城区百万庄大街 22 号 邮政编码：100037） |
|---|
| 责任编辑：孟宪勐 　　　　　　　　　　　　　　责任校对：李秋荣 |
| 印　　刷：北京市荣盛彩色印刷有限公司　　　　版　　次：2019 年 1 月第 1 版第 1 次印刷 |
| 开　　本：170mm×230mm　1/16　　　　　　　印　　张：12.5 |
| 书　　号：ISBN 978-7-111-61610-8　　　　　　定　　价：59.00 元 |

凡购本书，如有缺页、倒页、脱页，由本社发行部调换
客服热线：（010）68995261　88361066　　　投稿热线：（010）88379007
购书热线：（010）68326294　88379649　68995259　读者信箱：hzjg@hzbook.com

版权所有·侵权必究
封底无防伪标均为盗版
本书法律顾问：北京大成律师事务所　韩光/邹晓东

谨以此书缅怀特劳特先生

FOREWORD
推荐序

# 我的朋友李广宇

广宇是我多年的朋友,他说是受我的影响而转行,跨界从事定位工作的。我欣赏广宇的是,扎扎实实、老老实实地学定位、讲定位、实践定位。现在有了一本属于他的定位专著,这是他人生中一件不小的事,特此祝贺!

总体而言,中国现在正处于由体力工作者向知识工作者转型的时期,各种知识工作者都缺乏。但最为缺乏也至关重要的人才,我以为是懂得"确立组织外部成果,并据此配置组织资源"的人,即定位的专才。其他所有知识能否具有生产力,都取决于其组织能否在用户心智中准确定位。如果做不好这一点,那么有多少高精尖的知识也会因用户无法认知而不具生产力。这不是定位决定论,而是定位前提论。

中国靠投资驱动的发展模式,不但不可能持续,反而成了中国的巨大负担。中美贸易战无疑加重了这一负担。定位理论是通过"精准界定组织外部成果来组织资源实现"的新生产工具或曰新生产方式，所以就成了中国经济发展方式转型的必要前提。任何组织都负担不起定位不准所导致的生产力低下的巨大成本。中国经济的体量如此之大，这就使得定位专才成了这次壮阔转型成功的关键，这也解释了为何定位咨询成了咨询公司中收费最贵的类别之一。知识社会中的任何知识都是平等的，定位咨询最贵，是巨大的稀缺性所致。希望有更多人士有志于以定位助力中国经济转型而跨界发展。我很荣幸能成为你们的朋友，一如广宇。

是为序。

**特劳特全球总裁　邓德隆**
**2018 年 10 月 10 日**

## PREFACE
## 自序

10年前在上海，我初遇定位，就有幸与邓德隆老师相识，这对我的人生无疑是一次重要的蜕变。那时我常与朋友开玩笑，"对定位了解越多，就越发觉得自己为定位而生"——从那时起我便笃定，自己的后半生都将献给"定位"。

回到北京后，我又有幸与6000多位企业家学员相识、相知。在这个过程中，我深切地感受到，尽管企业经营者们在媒体上常常"叱咤风云"，但在他们内心深处，其实充满了焦虑、疑惑与不安。他们经历的挫折与磨难，远超普通公众的想象，但是他们也学会了将负面情绪深埋于心底；他们知道生活的乐趣与世俗的游戏，但他们的胆识与魄力让他们无法安于享乐；他们渴望冲破荆棘丛林，找到前行之路，但时常连身在何方都无法"定位"。

记得2013年3月25日，安踏董事局主席丁世忠曾经发了一条微博："中国企业闭着眼睛赚钱的时代已经一去不复返了，当我睁开眼睛，也不知道去向哪里。"

我们的民营企业就是如此脆弱，他们向前迈出的任何一步都必须万般小心，因为一次失足就可能全军覆没。他们尽管心志备受劳苦煎熬，却仍然极度渴望成功，但是"成功"应该是一番什么景象，却很少有人能描绘出来。

与他们在一起，就像是从镜子中反观自己。我意识到不论是自己还是团队中的每个人，最渴望的不是拥有了多少估值，而是我们推动了多少创业者成为名副其实的企业家；帮多少企业实现了从运营管理向品牌管理的转型；让多少企业成为行业领跑者、位居品类第一，乃至成为全球响当当的品牌。

这也就成了我写作本书的初衷。

纵观定位学科，已经出版了22本相关的专业书籍。这22本书是定位的理论基础，满载定位学科的箴言与精妙。对于企业家来说，想要一气呵成读完它们，或是仅仅读懂、读透一两本，其实具有相当的难度，而我们经过这10年的理论学习和咨询实践，积累、梳理出了一系列企业实践战略定位的方法。所以，我希望给大家一本工具书，让企业家花最短的时间，对定位学科的全部逻辑、架构有一个清晰的了解。

在22本书中，《定位》讲的是如何在顾客以及潜在顾客的心智中赢得竞争；《商战》讲的是如何应对竞争；《与众不同》讲的是怎样做才能与众不同。初次接触这些的时候，读者可能会迷茫，不知道该先看哪本。所以，在本书中，我选择按照国人的思维习惯，先讨论商业巨变、认知革命，再告诉大家心智的规律，继而是了解品类、定位的方法，再谈到信任状、聚焦经营及战术模型。最后分享给大家几位企业家与企业的故事，他们在与我们并肩作战的几年间，相继摘获了定位的"果实"。这些企业的规模不一定能让你惊讶，它们不像今天的王老吉、东阿阿胶、瓜子二手车，已经成为行业的庞然大物，甚至它们自己所处的品类，仍然需要精心培育。但是它们却从与我们相遇之初时的困境中跳脱，重新增长上升，而且速度惊人。比如，某家企业在没有加盟店、新直营店的状况下，却连续3年每年增长1亿元人民币营业额。你可能会说"1个亿太少"，随便一个大企业比如海尔，从798亿元到去年的1590多亿元营业额，这才是大增长。但这种巨大的规模增长，所依靠的力量并非自身——海尔通过并购通用电气的白色家电部门，获得的是买入增长，而不是原有产业的提升。

我们深知，仅凭一己之力，改变不了中国所有企业的命运。而且，即便是国内全部定位培训、定位咨询从业者的合力，也远远不足以帮助中国千千万正处于水深火热中的企业家。

只是，无论创业者还是企业家，如果有时间，能一点点看下来这本书，将书中的案例与自己的企业逐一对比，按照书上的方法去尝试，我相信一定会有所收获——这本书集结了我们3天咨询式授课的逻辑、结构、案例，它涵盖了我们过往咨询的路径和步骤，这样全方位的公开尚属首次。㊀

谨希望这本书的诞生，能给企业家带去些许帮助。

让迷茫的人，找到方向。

让刚愎的人，学会自省。

让停滞的人，回归混沌之初，重新爆发。

至此，将是我们的最大欣慰。

李广宇

2018年9月28日

---

㊀ 请参见 http://www.luopanzhanlue.com/。

PREFACE
前言

# 时代需要"第一"

2018年春,中美贸易战打响。国人仿佛初醒,方才意识到中国在农业和能源领域的短板;那些曾经引以为傲的大型企业,唯在此痛彻之中,才感悟到不论企业规模多大,缺少核心技术才是致命伤。很多人把这场对抗简化为中美科技争霸战的逻辑,乃至归结为国家利益的对抗。但是这显然规避了一个更为深层的问题,那就是即便如中兴、华为这样庞大的企业,仍然未能帮助中国企业真正实现在国际上的崛起,在大部分领域里,我们只是追随者,而不是领导者。

## "第一"的误区

定位之父特劳特曾说过:"成为第一,胜过更好。"

如今广告词语的滥用,导致在某种程度上,"第一"已经成了很多人的禁忌。但是如果我们被游戏般的修辞法则束缚住，就会忽视一个显而易见的事实：在日趋激烈的商战中，具有战略定位意义的"第一"，是关乎企业生存与价值的致命话题。

诚然，现实中的"第一"总是极少数，多数企业面临的共同问题反倒是"我不是第一"该怎么办？在这本书里，我们总结了多年来为企业培训与咨询所梳理出的经验步骤。但是，在学习它们之前，我想应该先看看关于"第一"的常见误区，比如"规模最大""进入世界500强"或"获取更高的利润"，具备了这些就是第一吗？

万达集团曾经以26亿美元收购美国的第二大院线AMC，继而成为全世界拥有影院最多的企业，2014年收入31亿元人民币位居全国之首，但是有关数据却显示院线规模与票房收入并不成正比，单屏年产值与生命力指数最高的竟是规模小得多的"北京新影联"院线。事实也正是如此，在普通消费者的心里，万达影院并不是观影时的首选。虽然它"最大""收入最高"，但并不意味着它就占据了普通消费者心智中的"第一"。

美国耶鲁大学金融学教授陈志武曾经针砭中国企业，"这些年都在学通用电气，以为大就是优。"

中国已经成为全世界最大的汽车市场、最大的奢侈品市场、最大的家电市场、最大的能源消耗国；中国已经拥有全世界市值最大也最赚钱的银行、最大的家用电器制造商、用户最多的移动电信经营商。但是，作为世界第一大汽车市场，我们的自主品牌所获利润却不到整个行业利润的5%。

有一组数据非常有震撼力，1850年，中国已经是全球制造大国。160年后，到了2010年，中国再次成为制造大国，占到了全球生产总值的19.8%，美国占19.4%，表面上我们比美国多0.4个百分点，但是我们达到这样的占比，用了1亿名工人，美国只用了1150万名工人。由此可见，我们过往的成就，并不是来自市场的转型成功，而是来自上亿农民转化为工人，巨大的个人生产力获得释放。

2018年的贸易战再次验明，不论是国家还是企业，我们距离"第一"还有很长的路要走。

## 引爆无人区

当前，世界经济下行、商业环境发生巨变，从工厂时代到市场时代，再到过剩经济的时代，很多我们曾经拥有的机会，如今已经变成了桎梏——发达国家对我们愈加防范，贸易摩擦、保护壁垒在不断增加，另外，劳动力、环境等曾经的优势却带来了负面结果。

中国经济过往的模仿追赶式增长已经走到了终点，如今我们停泊在了"无人区"，这是一个没有可遵循、照搬模式的阶段。我们所要做的，除了要改变过往学习、模仿的生长模式，更重要的是引领自己走出去，这样才能实现社会经济的再次转型。

不论是中央推出的供给侧改革，还是国务院批准的"5·10"中国品牌日，都从另一个侧面说明：在我们的市场上，有太多转瞬即逝的生意，而行业领军式的品牌却太少。环境已经塑造了太多的生意人，他们关心对市场机会的捕捉和把握，他们善于根据市场需求来转换自己的战场，尽管在他们手中诞生了大量上市公司，但企业本身存在的意义却被忽视了。既然如此，中国的商业环境，怎能创造出具有生命力的品牌？

熊彼特的创新理论指出，"企业的本质是创新，而创新是企业家行为"。很多声音也在呼吁，"未来将是依靠创新的企业家的经济时代""我们需要原创，需要企业家的创新精神"。

问题正在于此，想要引爆"无人区"，诞生"新世界"，最先也是最为重要的，不是对企业家提出要求——"要有创新精神"。思考一下，华夏先人自古辛勤耕耘出的文化价值观中，从来就没有西方的"冒险精神、自由创造力"。中断教育的特殊年代之后，涌现出了一批浑身是胆的草莽创业者，如今成长起来的新一代创业者，如果缺少对"冒险、自由、创造"的偏执，骨子里就缺少创新的动力，又何来创新的能力？

　　但是，我仍然坚信未来会有所不同，因为那些未来的创业者必将意识到：追求"第一"，是实现创新的最基本心智条件——如果对"第一"的强烈渴望能贯彻到他们的一切行动中，那么他们的所有行动都会是有创新性的，所有理念也都会超越过往。无论成败，最终他们定会获得一个"与众不同"的企业。从统计学的角度来看，如果我们的基数足够大，这些企业中就一定会诞生相当数量的世界级品牌。

CONTENTS
## 目录

推荐序
自序
前言

## 上篇　头脑中的战争

### 第一章　商战在哪儿打响　/002

当信息的爆炸带来更多的选择时，当掌握信息的人已经今非昔比时，当竞争地点开始转移到心智时，企业之间的竞争已经转化为品牌的较量。很多人要么仍然对深度白热化的竞争熟视无睹，要么仍然不知道在这场激烈的战斗中，彼此争夺的到底是什么。

第一节　变革的洪流　/003
第二节　竞争地点的三次转移　/007
第三节　竞争单元的最终形态　/012
第四节　心智中的品牌定位　/016

## 第二章　为什么要做第一　/021

西方认知革命之后，对"心智"的研究站上历史的舞台，大量实验与研究论文铺天盖地，从心理学到营销学，就像是观看人性的万花筒，定位之父特劳特先生发现了真谛："成为第一，胜过更好"。

第一节　心智与印刻效应　/023
第二节　心智运行的规律　/025
第三节　如果不是第一　/031
第四节　历史的教训　/034

## 中篇　如何做到第一

### 第三章　找到你的品类　/044

你必须拥有一个工具，用它给企业打造一手好牌，让你技法娴熟、力压群雄。品类，正是开启这个工具的第一步。

第一节　什么是品类　/045
第二节　品类必然分化　/047
第三节　如何选择名字　/051

### 第四章　定位的方法　/059

定位的精髓在于，将原本看不见、摸不着的内心观念，当作现实存在的目的地，然后设计方案、运用方法、整合资源，推动品牌走入其中。

第一节　抢先占位　/060
第二节　对立定位　/062
第三节　开创新品类　/066
第四节　关联定位　/068

## 第五章　给出信任状　/072

每个人的心智在认知过程中，都会对企业所宣称的一切追求证明。此时，能够给予心智安全感的"信任状"，就成了品牌对外沟通的要素。

第一节　制造方法　/072
第二节　经典　/075
第三节　专家　/077
第四节　领导地位　/078
第五节　热销　/081
第六节　最受青睐　/083
第七节　第三方证明　/084

## 第六章　聚焦经营　/086

当企业初具规模的时候，已经形成了多个生产链条，对于企业家来说，当然知道应该集中精力选择其中一两个发展，但仍然困惑他们的，是不知到底该放弃哪个，留下哪个。

第一节　聚焦品类经营　/087
第二节　打造代表品项　/088
第三节　界定原点人群　/090
第四节　聚焦市场开发　/090
第五节　聚焦传播　/091
第六节　构建战略配称　/093

## 第七章　四种战略模型　/096

一般而言，如果企业位于行业第一名，应选择防御战；企业位于行业第二名，应选择进攻战；企业位于行业第三名，应该找准对手的薄弱处，实行侧翼战；如果企业规模中小，在行业内排名居中甚至靠后，就要选择游击战。

第一节　游击战　/097
第二节　侧翼战　/100
第三节　进攻战　/104
第四节　防御战　/106

## 下篇　谁能成为第一

### 第八章　烤串黑马的战略升级　/ 112

"丰茂烤串"不开新店、不做加盟，连续三年营业额增长30%以上。

创始人尹龙哲在1992年放弃了公职、怀揣300元下海经商，从朝鲜族的热土闯入全国视野，当年赤手空拳搏天下，如今越战越勇，还用中华传统的"家文化"组建了一支情谊深厚的队伍。这些就是让丰茂成为"黑马"的必要条件吗？

第一节　朝鲜族小伙的选择　/112
第二节　全国扩张的困惑　/115
第三节　名字的代价　/118
第四节　加盟，还是直营　/120
第五节　认知寻宝　/124
第六节　加工方法升级为战略　/126
第七节　构建防御壁垒　/129

### 第九章　一个新品类的聚焦重生　/ 133

"秋林格瓦斯""秋林里道斯"，两个在东北尽人皆知的品牌，伴随着改革开放的洪流，在"铁娘子"仲兆敏的带领下，走过破产的边缘，经历过转制的蜕变，撬动过巨头"娃哈哈"，也跨越过销量的滑铁卢，为什么凭借一个单品，她就能力挽狂澜？

第一节　撬动娃哈哈，丢了3个亿　/133

XVII

第二节　糖果厂厂长的涅槃　/139
第三节　从里道斯到格瓦斯　/142
第四节　改制后的坚持　/145
第五节　危机　/148
第六节　聚焦单品　/150

## 第十章　从烙馍生意到"大张"品牌　/155

"大张烙馍村"是徐州当地餐饮界翘楚，创始人张宗锋少壮创业，如今成了"非遗传承人"。是什么让他在春风得意之际，毅然决绝地走上转型之路？

第一节　喧哗中的危机　/155
第二节　突围七寸　/157
第三节　"徐州味道"私有化　/159
第四节　信任状构筑"护城河"　/162

## 后记　/166

## 附录　定位：第三次生产力革命[一]　/168

---

[一] 此部分摘自机械工业出版社出版的《2小时品牌素养》。

PART 1

上 篇

# 头脑中的战争

  商业的本质已非服务顾客,而是智取、迂回并击败竞争对手。简而言之,商业即战争,敌人即竞争对手,战场在顾客心智中。

——杰克·特劳特、艾·里斯,《商战》

CHAPTER1
## 第一章

# 商战在哪儿打响

春节时笔者闲适在家,朋友圈各类新闻中,"泸州老窖做粉瓶香水""中华香烟出了啤酒"显得尤为醒目——本以为是恶搞新闻,却发现产品已经在一片质疑声中面市。

"泸州老窖的香水喷在身上,是浓香白酒的绵甜浓郁,还是酱香白酒的醇香幽雅?"

"中华香烟做的啤酒,酒罐与烟盒是一样的红色、一样的天安门,就像是把香烟的纸盒换成了易拉罐,不知道里面装的是啤酒还是尼古丁?"

……

查理·芒特曾经说过:"就确定未来而言,没有比历史更好的老师。"

当年,稳坐饮料行业第一把交椅的娃哈哈,曾经推出白酒产品,但是消费者对娃哈哈的印象依旧停留在营养快线和AD钙奶,最终娃哈哈的白酒产品投入超过百亿元,却草草收场。

还有曾经红极一时的霸王洗发水,在火爆之后,公司又推出霸王凉茶，但却被消费者抱怨"喝着就想起洗发水的味道"。最终霸王凉茶停产，霸王洗发水也不再辉煌。

乐视想要打造生态链，乐视手机、乐视电视应运而生，如今生态链不仅未闭环，手机也从乐视商城下架。

很多企业在迈出新的一步时，都会有一个伟大的理由，似乎充满情怀、资源丰沛、规模巨大、众志成城之时，任何的出击都会摘获胜利的果实。但是，现实却很残酷，赢家屈指可数。留在市场上的幸存者，似乎并不会因为那孤注一掷的非凡举动，或是破釜沉舟的决绝，又或庞大宏伟的背景，而更为市场所偏爱。

这让人不禁要问，到底是什么，让一些企业崛起，又让另一些企业陨落？

## 第一节　变革的洪流

德鲁克说过，"几百年后，当我们回看历史洪流中的当下，史学家们可能会发现，最重要的不是技术，不是因特网，也不是电子商务，而是人类的境况发生了史无前例的变化。这是历史上第一次，拥有选择的人的数量有了极大增长，而我们的社会却还未完全准备好应对这一切。"

20世纪90年代初，人们还只能通过商店、报刊、电视、邮递杂志等传统媒介了解商品的信息。记得1995年，史玉柱的巨人集团在全国报纸上的"闪电总攻"，在15天内就收获了15亿元的订单。这样的成果并不源自商品本身的强大，而是由于当时传播媒介单一、竞争对手少、商品信息不对称等。如今，境况已经彻底不同，人们拿起手机，就能足不出户随时了解天下事、淘尽天下品。不仅如此，朋友圈、APP、微博捆绑了生活的每个角落，各式各样的软文宣传、植入营销也随之侵入，个体所面对的信息量远远大于当年的祖辈。这种堪称信息爆炸的现象，导致信息越来越相互抵消、无效，再难以形成当年"一呼百应"的局面了。

对于企业经营者来说，首先一定要看清社会变革的趋势，看到在如今世界中发生的最具有颠覆性的社会变迁，不是高科技带来的舒适生活，而是巨量信息的爆炸式诞生。

有数据统计，现在全球每两天产生的数据，就相当于从人类文明起源至2003年间全部数据的总和，而新的数据还在以每天2.5EB（约10.7亿GB）的量级高速增长。

想想看，更多的人拥有选择的权利，这背后的原因，是每个人都拥有了更多传递信息的平台，面对着更多的信息制造者。一个企业在众多竞争者之间，如果不了解当今消费者接收信息的方式，以及如何处理信息，那企业将如何跟顾客沟通？甚至，如果一个企业在信息层面都不能够到达顾客，它怎么可能在产品层面接收顾客？

很多企业已经意识到这种危机，所以急于从浩荡的信息大军中突出重围，不再局限于内部管理与经营，开始对市场有了更多的自觉，在手忙脚乱地应对之中，又诞生了很多诸如前文所提的"白酒香水""香烟啤酒"这样违背常识的产品（我们在后面章节将讨论如何以恰当的方式，让消费者接受产品信息，对品牌产生正确认知）。

其次，更多的信息制造者，带来了更多的产品、更多的服务，从宏观经济看是产能过剩，对于消费者来说，就是商品的过剩。

据特劳特全球27家公司经过10年的统计，发现全球所有的标准超市，比如沃尔玛、家乐福、永辉、美廉美、华联等，拥有的存货单位大约为4万个。但是，只要150种产品就足以满足全球85%家庭的需要。

如果你经常去超市，就会发现一个规律：自己总会买青岛的啤酒、李锦记的酱油、宁化府的醋、心相印的纸、高露洁的牙膏。实际上大部分的消费者都是如此，他们经常选择的，往往就在这150种产品之中，这就意味着还有39 850种产品虽然被生产、被陈列，却未"被购买"。

再比如汽车行业，在20世纪50年代的美国，买小汽车可挑选的也就是通用、福特、克莱斯勒等品牌的型号。但是几十年过去了，汽车商的数量迅速增长，又增加了丰田、本田、大众、日产、菲亚特、三菱、雷诺、铃木、宝马、奔驰、现代、大宇、马自达、五十铃、起亚、沃尔沃等品牌的约300种车型。不仅汽车业如此，在各行各业也发生着类似的情形。

这就导致消费者的消费习惯发生了极大的改变，过去的产品有限，消费者对于品质的要求并不高，现在产品丰富了，一个品质足够好的商品也并不一定就能获得与之匹配的销量，因为消费者心里有更满意的品牌，或者，他已经不需要新的同类型产品了。对于企业来说，如果强行进入，无异于自寻苦路。

最后，从信息爆炸到商品过剩，导致的结果就是竞争的急剧白热化。这似乎是显而易见的现象，但是在"真刀真枪"的商战中，却常常被很多经营者视而不见。

在中国，截至2016年，新登记企业的增长率是24.5%，平均每天增加1.5万家，每家企业都会提供新的产品或服务，但是这些企业中能够被市场接受，或者说幸存超过一年的，不超过20%。

特劳特曾经说过，"10年前我发现竞争已经很激烈，但是与未来几十年相比，我们今天所处的竞争环境，仍然像茶话会一般轻松。"

2000年，彩电行业大战，9家彩电企业刚刚达成合作意向，笔墨未干之际，价格大战就爆发了，有的企业甚至以低于成本价的价格倾销。在自杀式价格战的背后，就是产能的过剩，当时市场年销量是 2000 万台，但是生产能力却达到了 4000 万台。

再看几年后的电脑大战，市场从蓝海逐渐走向饱和，众多曾经被看好的企业，纷纷退出或倒下。先是 2005 年 IBM 抛售了引以为傲的 PC 业务；到了 2007 年前后，中国 PC 产业遭遇"寒冬"，夏新、清华紫光等逐渐在市场中绝迹；3 年后，曾经第一个拿出 UMPC 称霸中国市场的方正，也失去了往日的光耀，不得不与宏碁进行了深度的战略合作；待到 2014 年，SONY 抛售了被称为 PC 界时尚教主的 VAIO。还有一些耳熟能详的牌子，比如 BenQ、七喜电脑、顶星（Topstar）、恒生，都已经在硝烟中退出。

还有每年夏天都要爆发的空调大战，以 2015 年尤为惨烈，当时上一年库存就已经达到了 4000 万台，较往年高近 3 倍，结果又逢这一冷年，夏天雨水多，空调价格战再次拉开，到了第二年上半年，空调市场零售额仅为 865 亿元，同比下滑 3.1%，成为中国家电市场唯一的负增长品类。

白热化的市场竞争，转眼发展成了如今的手机大战、网站大战；Vivo、OPPO 手机，一年十几亿元的营销费；分类信息网站比如 58 同城和赶集网，二手车网站比如瓜子、优信、人人车，一年营销费都近 10 亿元。甚至在一间电梯间里的广告墙上，能同时出现两家企业的广告，似乎在竞争中，比拼的核心是融资能力，能撑更长时间的，就能最终活下来。但是，竞争的失败者付出的代价并不是单纯的企业损失，想想 5000 多家的团购网，最后只剩下一家美团。给大量企业投入共计上百亿美元的投资方，他们损失的是谁的血汗？

当然，消费者并不关心这些，单纯靠产品、渠道、情怀不再是万灵之药，找到让消费者完成消费支付的那只"看不见的手"，才是如今的企业经营者需要关心的重点。

## 第二节　竞争地点的三次转移

"谁掌握了信息，谁就拥有权利"，在德鲁克看来，"如果写一部关于过去200年间的经济史或社会史，一个非常有信服力的主线就是信息的转变。"

最初，信息只为少数人所掌握。在早期商业社会中，产品制造商或服务商掌握着产品或服务的所有信息。比如，中国过去的生产者多以家庭为单位，手工作坊为主，有打铁的铁匠"张小泉"、会熬茶的"王老吉"、做裁缝的"瑞蚨祥"，等等，虽然工艺精湛，但是生产效率低。

1765年，蒸汽机被应用于工厂生产，但是由于产能太低，人们的需求根本得不到满足，所以那时候没有"营销"，也没有"销售"，而只有"供应"。

一直到1829年前后，在工业革命之后，诞生了"服务革命"，此时新的机会与机遇集中在了服务领域，技术大学、商业银行、电报、邮政服务以及现代公司，都是基于新思维而非新技术崛起的。又过了10多年，新兴产业出现，新产品也一个接一个地诞生了。尽管如此，"营销""销售"仍然不是迫在眉睫的事情，信息仍然掌握在生产者手中。

真正的变化始于20世纪20年代，最先出现征兆的是美国的汽车行业，当时尽管凯迪拉克与雪佛兰拥有相同的组件，但是公众都知道，凯迪拉克并不是运输车，而是身份的象征。

随着生产效率获得大大提升，大型的社会组织应运而生，尤其典型的是美国的福特汽车，福特最早的汽车是手工打造的，每年最多生产20万辆。到了1908年，福特参观了美国最早的牛肉罐头加工厂，看完之后惊呆了，因为这个工厂全是自动化，把一头活的牛赶进来，经过屠宰、分解、加工后，从另一端出去的时候就是成箱的牛肉罐头。他当时就得到一个启示，能不能把汽车的零部件用磨具批量生产，然后把发动机、底盘、轮胎等各个零部件再组装在一起，这样出去的时候一头"铁牛"就诞生了！

为了这个梦想，福特研究了5年，到1914年，福特汽车成为底特律产能最高的公司，年产200万辆。它作为第一个引进流水线的汽车公司，迅速占领了美国市场，成了当时汽车行业的霸主。

**所以，竞争地点的第一次转移，是从家庭手工作坊到大型工厂。**

在这一次变迁当中，谁捕捉了社会脉搏，提前布局，提前大规模制造资产，谁就能够迅速崛起，福特汽车就是这样，它曾经占据美国60%的市场，全球的占有率是50%。但是如今却江山不再，因为它没有捕捉到竞争地点的第二次转移。

当年，福特汽车迎来了第一个挑战者斯隆。斯隆毕业于麻省理工学院，后来成为通用汽车的总裁，通用汽车收购了美国十几家汽车公司，成为美国最大的汽车公司，但是仍然不敌福特汽车。于是，斯隆为了应对福特汽车，提出了一系列措施：如果你是工薪族，我就卖你雪佛兰；如果你是白领，我就卖你别克；如果你是有钱人，我就卖你凯迪拉克。归根结底，要生产适合每个目的和每个人钱包的汽车。到了1918年，雪佛兰在美国的销量首次超过福特汽车，占全美家庭轿车的57%。通用汽车以满足顾客需求为导向，在竞争中胜出。

斯隆获胜的关键，是他看到了市场的需求，斯隆时代的汽车不像福特汽车那样根本不顾客户的需求，只制造T型车，而且只有黑色。通用汽车的原则就是你可以要求制造任何颜色的汽车，斯隆完全按照你的需求给你定制。所以从低到高通用汽车有一系列的车型，从雪佛兰到别克、凯迪拉克，等等，分别满足客户各种不同的需求。斯隆的管理，就不再是工厂管理，而是从厂长变成总经理，他把战线从工厂向前进行了推移，走到了市场渠道上，这时候资源、优秀的人才、资本再集中在工厂是没有竞争力的，而是需要把它们集中在市场上，对市场的投资大过对工厂的投资，敏锐捕捉到客户的需求，然后迅速组织起一个满意的产业链，满足客户的需求。

时间流转到1985年，沃尔玛创始人沃尔顿成为美国首富，沃尔玛成为世界第一的零售商；不久家乐福创始人马塞尔·傅里叶成为法国首富，家乐福成为欧洲第一、世界第二的零售商。十几年后，在大洋彼岸的中国，黄光裕三度问鼎胡润财富榜的中国首富，沃尔顿、马塞尔与他有着一个共同的特征：零售商。他们都是用企业控制了渠道，当年黄光裕控制的是家电行业的渠道，后来娃哈哈创始人宗庆后又控制了饮料行业的渠道，乃至如今的马云的阿里巴巴、刘强东的京东也同样，只不过渠道从线下搬到了线上。

竞争地点的第二次转移，是从工厂到市场，商业信息逐步从工厂向分销商、渠道商这一端释放，占领市场渠道分销的人，就拥有更多的机会与权利。

在市场时代，企业以需求为导向，想的是产品能满足消费者的什么需求，但是在未来，想想那些层出不穷的竞争对手，他们的产品同样可以满足需求时，你该怎么做？

于是，竞争地点的第三次转移开始酝酿了，这也是特劳特先生最先看到的，这次转移就像冰山融化一样，大多数人仍然处于浑然不知的状态中，当发现的时候，一切已经势不可挡。

中国第一家做瓶装水的企业叫乐百氏，提出了独特销售主张（unique selling proposition, USP），叫27层净化。紧接着，浙江又现两家企业，第一家是养生堂推出的"农夫山泉"，第二家是娃哈哈推出的"娃哈哈纯净水"。三家打价格战，最后造成乐百氏被法国达能食品公司收购，娃哈哈扛起民族企业大旗，通过三次价格战把乐百氏斩于马下。

当时养生堂开新闻发布会，宣布不做纯净水，要做天然水。于是就有了家喻户晓的广告词："我们不生产水,我们只是大自然的搬运工""农夫山泉有点甜"。假设一下,把所有瓶装水的标签撕掉,谁能凭味觉喝出哪个是千岛湖的水,哪个是冰川水?但是,当我们看到农夫山泉时,总感觉它"有点甜"。到了2014年,单瓶农夫山泉的销售额突破160亿元。

再说果汁行业,在中国能够生产果汁的工厂多达4000家,有400个品种。在老百姓脑子里果汁的第一品牌是哪个?汇源。2008年可口可乐公司要收购汇源,出价24亿美元,相当于179亿港元。当时中国企业看不懂,国资委担心被收购后形成垄断,收购未能达成。后来《焦点访谈》采访可口可乐中华区总裁,问为什么出这么高的溢价收购汇源?2008年汇源在中国的营业额是24.5亿港元,这是近乎10倍的溢价率。总裁说,我们买的不是中国大面积的资源和苹果园,也不是生产线、管理团队,我们买的是:中国老百姓的脑子里想到汇源就等于想到果汁。收购失败后,可口可乐该如何参与果汁竞争?它推出了单品"美汁源果粒橙"。针对汇源"百分百高浓度果汁",美汁源给自己的定位是"低浓度果粒果汁"。5年时间,美汁源果粒橙单品销售额突破68亿元。

作为一个普通消费者,如果现在去超市,路过货架时会是怎样的购物过程:我们可能是在货架上拿着汇源果汁看一下,再拿王老吉看看,然后路过可口可乐犹豫一下,最后却拿了农夫山泉。消费者的购买动机和过去已经大不相同,不再仅仅因为某个需求买东西,在需求背后真正引导他们购买的,是在不同的产品甚至品类之间做出的选择。决定企业生死存亡的,是消费者在选择时,脑中出现的是你还是你的对手。恒大冰泉的失败,就是因为消费者不给它被选择的机会,即便恒大是全国驰名的企业,消费者还是选择喝农夫山泉、昆仑山,恒大就只能悻悻离场。

就此,竞争的战场从离消费者很远的工厂时代,走到了市场时代,企业也走到了消费者眼前,"提供贴身服务、与顾客零距离",再到后来试图突破"零距离"。这就有了第三次竞争地点的转移,竞争不再仅仅在市场渠道中进行,也进入了消费者的头脑,也就是"心智"中。

在工厂时代,价格由工厂说了算;到了渠道为王的时代,价格由渠道说了算;到了现在这个时代,因为互联网的存在,信息正在从渠道商转移到终端的消费者。

消费者在网上比价、比质量、比较所有他们关心的内容,他们会很清楚一个产品的成本结构、特性价值,于是消费者掌握了大量信息,成为权利的中心,这也标志着消费者中心时代的开启。

另外,我们也应该看到,移动互联网营销环境与传统营销环境已经大不相同,笔者的老师邓德隆先生将之总结为三点,尤为准确。

**第一,无障碍。**以传统方式经营一家企业,如果要搭建全国的营销渠道网络,至少需要5~10年的时间,还会面临层出不穷的问题。但是,这个渠道一旦完成,也就产生了极大的壁垒和障碍,使得企业可以阻挡竞争者的冲击。竞争对手的产品再好,如果没有渠道可以让消费者买到的话,也无济于事。所以,传统企业只要有一个强大的渠道网络,就可以把竞争对手阻挡在门外,赢得安全期。

如今,移动互联网技术的诞生,使得消费者可以在网络上轻松买到任何产品,渠道的障碍被彻底消除了。

**第二,无边界。**传统行业之间,隔行如隔山,行业壁垒高,知识鸿沟深。如今,这种行业之间的边界已经开始被击穿,一个行业跨界颠覆另一个行业的现象越来越频繁。同时发生的,不只是行业的边界被打破,市场的边界也被打破,任何一个新诞生的商业模式,都可以迅速扩展到全球。

**第三,无时空。**在移动互联网时代,时空的壁垒同样不复存在。传统上,当顾客想要购物时，可能因为在上班，或者太晚了，又或者周围没有商场等原因不是很方便。现在，消费者可以在任何时间、任何地点完成购物。

伴随着全球化进程、互联网崛起，"80后""90后"人群成为消费中坚力量。整个市场环境都发生了翻天覆地的变化。很多传统企业在不知不觉中，发现自己已经没落，却不明白为什么。

一直以来，很多企业的商业规划，都是从企业自身的认知做起的。企业思考的方式是"我有什么，我能做什么"，但是现在，这种思路已经不适应于新的竞争战场，它应该从企业、从市场端，转移到消费者的心智中，去思考："消费者能接受我做什么"。

## 第三节　竞争单元的最终形态

在竞争地点的三次转移中，邓德隆先生看到，生产力也发生了三次革命，这也就导致了竞争的单元随之发生了变化。

18世纪以前，世界还处于农业社会状态，生产效率低下。到了工业革命之后，技术代替技能，为生产力的变革埋下了伏笔。**19世纪末，泰勒提出的"科学管理原理"，掀起了现代史上的第一次生产力革命，使体力劳动者的生产力大大提高了。**他将复杂的工艺拆解为不同的标准化简单模块，让普通人也可以参与完成包含复杂技术的产品。甚至，科学管理也成为决定美国在第二次世界大战（以下简称"二战"）中胜出的原因：它让美国的参战物资超过了所有参战国的总和，而这正来自提高工作效率的"更聪明的工作方法"。但这个时候的竞争，仍然围绕着产品的生产，也就是怎样越快越好地提高生产效率，让产品问世。

"二战"之后，日本作为战败国，每年要靠6000万吨的大米白面生存，全部是战争赔偿。但日本在1989年GDP总量增长为450%，原因是什么？日本引入了两个人的理论，一个是美国的彼得·德鲁克，另一个是泰勒的学生爱德华·戴明。现在日本国家最高奖项是戴明奖，原因就是从这来的。

泰勒的科学管理原理让个人生产力得到巨大提升，体力劳动者因为工作效率提高，收入大幅提高，工作强度和时间却大幅下降，于是产生了剩余时间。例如，以前需要10个小时才能做完的工作，现在只需要8个小时就做完了。剩下的两个小时干什么？他们转向了两大领域，一是教育，二是休闲。整个群体的教育水平获得了显著提高，大量的中产阶级也就逐渐地在社会中诞生了，形成了相对稳定的"橄榄型"社会结构。同样，国家的商业环境和消费水平也相应提升，这就催生了一个知识型社会，也缔造了如今发达国家的雏形。

**第二次生产力的革命，来自德鲁克开创的管理学。** 在现代社会之前，全世界能容纳最多知识工作者的国家，是中国——隋唐之后的科举制，为知识分子提供了从底层走向上层的通路，但是这个渠道的容量也十分有限。在"二战"之后，大量的退伍军人转化成了知识工作者，社会如果无法消化这个群体，就将面临极大的危机。但是幸运的是，通过管理学，组织提升了生产力，接纳了更多的知识群体，甚至创造出新的知识型岗位。所以，此时的竞争单元，就是组织（企业、政府、非营利机构等）。在不同的组织之间展开的是管理能力的竞争。

毫不夸张地说，从科学管理到管理学的诞生，人类社会从工业型转向了知识型，又让知识群体能够在一个相对稳定的组织中恰当地发挥自己的能力。这才让人类从20世纪上半叶的暴力与血腥中获得解脱，能够在相对祥和积极的环境中度过20世纪下半叶；否则，如此大量的新阶级者诞生，给社会结构带来的巨大影响，很可能会导致更激烈的社会变革。

德鲁克的管理学实际上是把知识型社会推向了一个新的竞争型社会，它催生了大量管理良好的组织，它们在世界各地展开争夺。这些组织多数都能够提供满足客户基本需求的产品或服务，但是产品却越来越趋于同质化，组织间的竞争也越发激烈、残酷。

**特劳特先生为了解决竞争的困境，也为了准确定义组织获得的成果，他提出了一种新的生产工具——"定位"，于是第三次生产力革命呼之欲出。**

前两次生产力革命，让社会从工业型进入知识型，又过渡到竞争型，从解放体力劳动者生产力到提升组织生产力。与之相伴而生的，是整个世界范围内的信息爆炸、产品过剩，竞争地点从工厂到市场，又进入到消费者心智中。

曾经是有形的力量控制无形的存在；现在是心智作为竞争的中心舞台，它俨然成为最强大的无形存在，它也将控制一切有形的生产要素。

在这种情况下，定位就成为帮助企业找到并占据顾客心智中最优位置的有力工具。首先，我们要明确的是，心智所认知的并不是企业，因为没人能把一个实体企业的复杂信息放进消费者的心智中。能够被心智认知、记忆的是另一个更为抽象、易懂的符号——品牌。

至于企业，它是品牌生存的必需条件，但消费者在选择时，心智中出现的是品牌而不是企业。如果消费者要上网买东西，会说我要去阿里巴巴买东西吗？他会说我要去淘宝、天猫、1号店或是京东。如果要用网络聊天，他会说要用QQ、MSN，而不是腾讯、微软，甚至在他生活中可能有几百个和这些大企业相关的产品品牌。但是对于消费者来说，他思考的并不是自己与大企业之间发生的关系，而是具体的某类产品中的某一个品牌。

所以，消费者不需要知道佳洁士、潘婷、海飞丝、帮宝适、吉列剃须刀全部来自宝洁；美团被阿里巴巴收购了，还是被腾讯收购了并不重要；ofo 和摩拜竞争的背后是谁在角逐，也没有必要在意。因为他需要知道的只是，这些品牌给他带来了什么价值。

**品牌，就是如今商战中竞争单元的最终形态。**

特劳特先生给出了定位的"四步法"，以及大量与心智有关的系统论述，告诉企业在经营中最重大的战略决策，就是要集中所有优势资源去抢占竞争战场（心智）中的最佳位置（定位）。这就是说，企业最有价值的资源，不再是土地、人力、知识资源，这些资源尽管仍然在发挥着作用，但是都要让位于品牌获得的心智资源（一个好的定位），因为它是企业在商战中所能构筑的最深的"护城河"。

德鲁克曾遗憾地说，"现实环境已经悄然改变，但是组织的事业理论却未能与时俱进"，"当你把 500 亿元投进去的时候，这不是成果，也不是利润，这正是成本运营中心。未来的 30 年，企业将需要研究一个地方，就是组织的外部。例如，一个患者从生病拨打 120 住院，到诊断、痊愈、出院，整个过程人们关注的不是医院有多豪华，护士有多漂亮，关注的是痊愈的患者。未来三四十年，全球的企业和组织都要从企业的内部转移到外部寻找企业的成果。而不是天天在公司内部解决效率的问题。"

在越来越激烈的竞争中，商战的战场已经从工厂转移到了心智，竞争单元从产品转向了品牌。企业该如何胜出？建立一个品牌，让它在消费者大脑里抢占优势位置。

在第三次生产力革命的风浪之上，中国有足够的市场去孕育、催生出一批世界顶级的品牌，只是我们需要把注意力从提高组织生产力，转移到如何提高品牌的生产力上。我对此充满了信心与期待，而这就取决于我们如何使用好"定位"这个生产工具。

## 第四节　心智中的品牌定位

### 为什么要拥有心智资源

想象一下，消费者去逛 LV 这样的奢侈品店的时候，会去问其占地面积有多大？牛皮是新西兰的还是内蒙古的？员工上没上五险一金？不会，因为消费者关心的是"是不是正品，有没有保修"，消费者不仅摒弃了对产品的疑虑，而且会心甘情愿地支付溢价。

商战，其实是品牌对于心智资源的抢夺战。一旦占据心智资源，就可以有以下五重优势。

**第一，屏蔽。** 如果你是第一个占据顾客心智位置的，心智会趋向于屏蔽掉与你相似的后来者。特劳特说，"如果你攻下一个山头，就要让这个山头彩旗飘飘，要告诉全世界这个山头是你的。"要把旗子插上去，别人就被你屏蔽了。

**第二，认知的优势。** 以前说酒香不怕巷子深，但是客人没尝怎么知道你的酒好呢？客人为什么要尝你的酒呢？这是因为你的酒在客人头脑里拥有了良好的认知。如果别人都说你的产品好，就意味着你拥有了一个良好的口碑，这会在更多的人心里形成认知，但是产品本身是不会说话的，认知需要信息的传递才能形成。

**第三，溢价的优势。** 我们通常会发现，这个品牌之所以敢涨价，原因是它在顾客的大脑里拥有一个独特的位置，甚至主导了一个品类。"二战"之后，日本的电子手表行业崛起。瑞士手工手表遭遇挑战，瑞士整个手表工业陷入恐慌，因为电子手表的成本又低，科技含量又高，时间又准确，戴起来又方便。但瑞士手表找到了自己的定位：传承。我卖的不仅仅是手表，卖的是可以几代人传承下来的"传家宝"。瑞士靠高价的手工手表定位，捍卫了它手表帝国的领导地位，比如特等特类表第一名"百达翡丽"。虽然德国（诸如朗格）手表也是非常好的手表，但总销量远比不上瑞士手工手表。

**第四，渠道优势。**笔者团队调研发现，不管是一线二线还是三、四线城市的超市，如果进去有两个大冰柜，一个是可口可乐，另一个必然是百事可乐；如果有第三个，那就是康师傅。有品牌就是渠道。

调研中有这样一个片段：在一家商场，有两个卖空调的销售人员，一个卖格兰仕，一个卖格力。卖格力空调的是一个应届毕业生，大四实习的女生，不懂空调；卖格兰仕空调的是一个三十二三岁的美女，她就像一台永不停止的发动机，向顾客讲解关于空调的一切：多大面积匹配什么功率等。卖格力空调的女生根本不懂多少空调知识，顾客问空调怎么样？她答"格力掌握核心科技"，顾客就欣然接受了，还是买了一台格力空调。这种结果是销售人员的能力决定的吗？不是的。越是弱的品牌，你的管理团队、销售团队就越辛苦；业务员代表的品牌越知名，其做起来就越轻松。

**第五，资源优势。**中国著名经济学家吴敬琏说，"中国企业和政府勾兑的日子已经一去不复返了"，未来要靠实力、靠竞争力、靠品牌影响力、靠品牌的生产力。一旦你的品牌在地方区域有了一定知名度，政府当然乐意出资扶持你。山东有一个"泰玉面粉厂"，其经营者曾经是笔者的学员，每年政府给这个企业拨款几千万元。这是为什么？因为它是唯一可以与两大外来品牌——河北五得利和金龙鱼对抗的本地品牌、龙头企业。

所以，一个成功的品牌要经历两次注册：第一次是在商标局的注册，获得法律的保护；第二次是在消费者大脑里"注册"，获得心智的选择。

心智阶梯的每一层上，都有品牌的名字，最受欢迎的品牌在顶层，其他品牌依次降序排列。

在未来，企业经营者更应该关注的，是如何拥有更多高价值的注册商标，而不是生意的大小。很多人常常会有一个误区,就是在投资任何项目的时候,先投产品、投人力、投团队,却忘记评估项目是否能在消费者心智中占据位置,导致资金投入巨大,却难以达到目标,因为本末倒置了。最典型的例子,就是当年的通用电气(GE)企图跨界电脑行业。当然,这次决策失误,却助力特劳特证明了"定位"的真谛。

## 品牌定位的意义

1892年,发明了电灯泡的爱迪生与汤姆森合作,组建了全球最大的通用电气。到了20世纪70年代,IBM崛起成为全球巨人,美国大公司都开始做电脑,它们被称为"白雪公主与七个小矮人",包括RCA、美国广播公司、美国电话电报公司(AT&T)、GE。它们的思考逻辑是,既然IBM都可以做电脑,我的公司这么大,有技术、有团队、有实力,如果我做电脑是不是会打败IBM?当时在通用电气广告部的杰克·特劳特三次写信给董事会,说顾客和市场对我们的认知是"电灯泡、洗碗机和低压开关",而对IBM的认知就是"电脑"。那么,一个做灯泡、洗碗机的公司去做电脑,能胜出吗?

在特劳特看来,一个行业去挑战另一个行业是不会成功的。很遗憾,董事会没有采纳特劳特的建议,特劳特因此从通用电气辞职,然后写了一篇文章"定位:同质化时代的竞争之道",发表在了美国《工业与营销》杂志上。两年后,通用电气投资的2.5亿美元全部亏损。

到了1971年,此事引起了美国媒体的关注,特地前来采访特劳特,采访过后他又连发了三篇报告。随后,特劳特与里斯两人建立了"定位"的系统体系,并于1981年共同出版了第一本书——《定位》。

⊖ 此书中文版已由机械工业出版社出版。

经过 20 多年的实践检验后，在 2001 年，定位理论压倒菲利普·科特勒、迈克尔·波特的理论，被美国营销学会评为"有史以来对美国营销影响最大的观念"。

对于定位，特劳特的解释是：

第一，定位是为了应对竞争，而不是单纯地满足需求；

第二，定位就是要建立差异化；

第三，定位是关乎客户的认知。

品牌在消费者大脑里的位置，就叫定位。当你的产品在顾客心智中拥有了强大的位置，那就比产品、销售的强大胜过千百倍。德鲁克说过，"任何组织其功能只有一个，就是创造顾客。任何企业都只有两个职能，要么创新，要么营销。如果没有营销，所有产生的都是成本。"

20 世纪 70 年代的全球营销学之父菲利普·科特勒，开创了 4Ps 理论，产品、价格、渠道、促销。但是，这 4Ps 之前还应该有一个 P，就是定位（position）——先定位，后营销。

为什么要学定位？因为"定位"涉及的是企业的战略，你会根据天气的冷暖，改变自己穿衣服的多少，你也会根据商业环境的不同，修正和改变自己对商业战略的思考逻辑。

**定位是每个人、每个企业的一种天然存在的状态，区别是你是否对此产生了自觉**——要么是一种正确、精准执行的定位；要么就是错误执行的定位，根据错误的定位配置了企业资源，从而产生了巨大浪费。我们每个人正在做的事情，通常都处在上面两种极端点连线间的某个点上。但对于企业来说，处于中间的模糊地带，就等于定位不清，所面临的不单单是资源浪费，甚至是陨落。

当年王老吉请特劳特中国公司为其进行定位咨询。竞争对手加多宝前 12

年只做一个罐装凉茶，为什么不做瓶装？怎么换品牌？为什么推出金罐？这些都是值得企业家去深思的问题。

遥望几十年前，中国的企业管理者们在懵懂创业中第一次觉醒，从"草莽江湖"到学习系统化的管理学。如今，最早的一批"敢于吃螃蟹的人"已经收获了成功的果实。伴随时代再次变迁，又将有一批企业家从竞争中再次觉醒，"定位"将帮助他们，占据先机，成为行业的领跑者。

CHAPTER2
## 第二章

# 为什么要做第一

### 危险的第二

"在顾客心智中,每个品类仅能存储少数品牌。许多品类只能存储两个品牌,如电池里的金霸王和劲量,牙膏中的佳洁士和高露洁。并且,排名前两位的品牌很少被顾客同等对待。顾客总是更青睐其中一个品牌,尽管另一个品牌通常也是'可接受的'。"

1999年,曾经以第一名的成绩考进北京大学社会学系的李国庆,创立了当当网,凭借对出版和图书行业的资源和熟悉,当当获得了迅速的发展,待到2005年,当当的年销售额已经达到4.4亿元。彼时,"淘宝第一,当当第二,京东还是小弟"。

在2004年势头正猛的时候,美国电商业的老大亚马逊找到李国庆,号称要用1.5亿~2亿美元的现金控股当当,李国庆犹豫再三,最终还是告诉董事会自己要再做几年,翻一番再卖掉(有趣的是,据说新浪的总裁汪延听闻此事后,扑到李国庆家,劝他"别做梦了,赶紧卖掉")。

告别亚马逊，到 2008 年的时候，京东的销售额还只是当当的 75%，却时常挑衅强大的对手。在 2010 年，刘强东放话"京东的图书永远比竞争对手便宜 20%"，李国庆仅在微博回应"图书市场总共才 300 亿，你跟我争个什么劲，既没有战略又不懂事"。最终，京东在这场价格战中，在消费者心智中树立了"更实惠"的形象，当当虽然也被迫连连促销，却没有意识到，对手此战乃"醉翁之意不在酒"。

李国庆曾经躲避各种投资，直到面对腾讯的入股投资计划。但是由于相信"做生意永远要看利润，烧钱的做法不可取"，所以当当的眼光主要聚焦在中短期，几个月内没有利润的项目，几乎都会被砍掉，甚至也砍掉了大量的自营商品。后来，由于无法获得短期利润，当当与腾讯的投资计划、3C、自建物流统统失之交臂，将它们拱手让给了京东。如今，在左右徘徊之际，当当又接连失去了"自营"和"物流速度"两个重要武器。

到了 2015 年第三季度，当当最后一次发布财报之时，京东的营收已经是当当的 18 倍了。如今又过了 3 年，京东的市值是 650 亿美元，是当年当当退市时 5 亿美元的 100 多倍。如果不是一则当当要把自己卖给 A 股上市公司天海投资的新闻，它已经很久没有走入媒体的焦点了。

很多人感慨，当当失去的是企业发展的 10 年黄金期。但在笔者看来，更为致命的，是企业在制定战略的时候，对于消费者心智的视而不见，乃至模糊不清的定位。对比京东，虽然"京东自营"屡屡遭遇公关危机，京东全球购也面临售假质疑，但出现如此多的问题，其实也说明了消费者对品牌的依赖——它已经牢牢占据了消费者的心智。在各种问题之下，京东仍然拥有庞大的销量与用户群，是因为其不仅在现实的消费者中，而且在消费者的心智中，让他们也无从选择。

也许当当本可以做得更好，可惜它已经失去成为行业第一的机会，但愿未来的"李国庆们"可以创造一个新的品牌，重塑中国本土品牌在全世界消费者心智中的积极形象。在此之前，首先要做的是尊重消费者的心智，了解消费者心智运行的规律。

## 第一节　心智与印刻效应

"心智"这个概念，虽然已经存在于西方学界多年，但是重新获得重视起始于20世纪50年代西方心理学界的"认知革命"，在此之前心理学界仍然以行为主义的"刺激－反应联结"为主要研究方向，直到诺姆·乔姆斯基（Noam Chomsky）发表了"描述语言的三个模型"，指出"语言以复杂形式镶嵌于大脑，而它赖以工作的原理，是超越所有人和所有语言的，它是具有普遍性的"。此后，越来越多的研究者意识到，大脑应该被作为一个综合的整体，对"心智"的研究就此正式开启。

"心智"是产生和控制知觉、注意、记忆、情绪、语言、决策、思维、推理等心理机能的成分，它是形成客观世界表征的系统，它可以促使人们采取行动去实现目标。㊀

心智虽然无形，但是却是有形世界的缔造者。如果说心理学是专门研究理解大脑运行机制的学科，那么营销就是对于心理学的实践，定位所完成的，正是跨学科的实践与总结。

"印刻效应"的发现，对于定位理论的诞生有着重要的影响——虽然它发现的是自然界的现象，但是被证明在商界同样适用。

1937年，奥地利学者康拉德·柴卡里阿斯·劳伦兹发现，刚刚破壳而出的小灰天鹅，会本能地跟在它第一眼看到的自己的母亲后边；它第一眼看见什么动物就把什么动物当成妈妈。如果孵出时看到的是母鸡，它就跟着母鸡走；如果孵出时看到的是劳伦兹，小灰天鹅就将劳伦兹认作妈妈，劳伦兹去什么地方，一群摇摇摆摆的小灰天鹅就在身后跟到什么地方，劳伦兹下水游

---

㊀　E.Bruce Goldstein. 认知心理学：心智、研究与你的生活［M］. 张明，等译. 北京：中国轻工业出版社，2015.

泳,小灰天鹅也跳进水里,并且亲热地啄着他的头发和胡子。尤为重要的是,一旦这个小生命形成了对某个物体的追随反应,它就不可能再对其他生物形成追随反应。此后,劳伦兹被德国《明镜》周刊评价为"动物精神领域的爱因斯坦",并且在1973年获得了诺贝尔奖。

"印刻效应"所发现的追随反应是不可逆的。即是说,它只承认第一,无视第二。这种现象在动物界很普遍,包括人类也不例外。

2003年中国首次发射载人航天飞行器神舟五号,杨利伟成为第一位升入太空的中国人,被载入中国航天史册。9年后,到了2012年发射的神舟九号上,终于有了一位女性,她就是刘洋。对于多数人来说,可能根本不知道升入太空的第二位中国男性是谁,却能记住"刘洋"的名字,就是因为她是中国女航天员中的"第一"。

特劳特提出了"由外而内"的思维,就是在强调心智中已经存在的认知的重要性,"定位思想的本质,就是把认知当成现实来接受,然后重构这些认知,并在顾客心智中建立想要的'位置'。所以,成为第一,是进入心智的捷径。"有人计算过,在市场上最先进入消费者心智的品牌,比第二位品牌的同期市场占有率要高一倍以上,而第二位的占有率又比第三位高一倍以上,显然"第一"所建立的地位具有压倒性的优势。

杰克·韦尔奇是特劳特先生在通用电气时的同事,他对于"第一"有着非常深刻的理解。在1981年,他出任通用电气总裁,当时通用电气有352个事业部。他下达了一个命令:即便这个事业部很赚钱,但不属于行业数一数二的位置,那么一律关停并转。之后,通用电气裁员7万名,员工怨声载道,斥责杰克·韦尔奇道德败坏,华尔街还颇有微词,送他一个外号"中子弹杰克"。杰克·韦尔奇先生面对层层阻力,依然坚持自己的战略。到了2001年,杰克·韦尔奇先生卸任,他告诉新上任的总裁:"现在公司的业务有 13 个，仍然还太多，需要继续削减。"新上任的总裁迫于压力，砍掉两个业务，剩余 11 个。2008 年美国爆发金融危机，1898 年美国道琼斯工业指数榜单前 100 位企业除通用电气之外，全部消失。通用电气逆流直上，2009 年一跃成为全球 500 强企业第二位，市值 5000 亿美元。第一名是 2007 年发布 iPhone 的苹果公司，两年后其以 6274 亿美元的市值，登顶世界 500 强第一位。杰克·韦尔奇因为伟大的战略被推崇为"全球第一总裁"。

如特劳特所言，**只有身为领导者的第一名，才有可能"在短期内坚不可摧，凭借惯性就能活下去"**。

另外，初创企业的产品或广告要慎重对待"第一"。因为，当品牌的第一款产品、第一条广告在消费者心中已经建立了概念，后面再想改变就变得很难。所以，如果初创企业要推出一种新产品或品牌，一定要慎重建立认知，广告与口碑相比，应该更注重"口碑营销"，因为一旦消费者发现广告与实际不符，在心智中对品牌和产品产生了消极的"印刻"，再想改变就很难了。

百度之所以出名，不是因为李彦宏，而是百度抢占了国内网站"搜索"第一的位置；联想之所以强大，是因为它成为亚洲 PC 的第一品牌。所以，后来百度做"钱包"、联想做手机，就很难有消费者买账，因为在消费者的心智里，这些品牌已经被定位在了过去的"胜利"中。

即便是再庞大的企业，倘若违背心智的认知规律、一意孤行，也会有如逆水行舟，落得事倍功半的结局。

## 第二节　心智运行的规律

人类发展到今天，已经进行了五次信息革命。第一次是语言的诞生；第二次是记录语言的文字，但限于技术，只能用石头、竹简、羊皮纸等进行记录，这类材质从制作到携带都过于烦琐；直到第三次信息革命——造纸术的诞生，文字开始被大量地存储、运输；第四次是印刷术的发明，真正实现了信息批量传播；第五次是互联网，它带来的不光是虚拟经济，更像是信息的"黑洞"——2014年互联网增长4.6%，网站数量是335万个，有18 899亿个网页，如果把谷歌一年发布的信息刻成每个1ZB的光盘，摞起来可以在地球、月球之间往返5次；如果把它做成书的话，可以做成1亿本书。

如今，想要在海量信息中找到一个正确的渠道，耗费的精力同样让人疲乏。所以，在面对信息爆炸的世界时，心智为了不让自己"宕机"，会有一套它独特的运行方式，可以总结为如下六条规律。

### 心智归类记忆

根据认知心理学，人的记忆分为感觉记忆、短时记忆及长时记忆。心智对于品牌的记忆就是长时记忆，这类记忆主要根据语义完成。对于企业来说，让产品信息进入消费者的感觉记忆，只是营销的第一步，**最重要的是通过加工进入长时记忆，才能进入心智。**这其中起着关键作用的，就是用恰当的语义表达出产品的名字、宣传语（slogan）和功能属性（品类）。

在长时记忆的语义编码过程中，心智采用了归类的方法。这其中就有"原型"理论[一]，指出了我们的心智在判断事物是否属于某一类别时，会将这个事物与表征类别的原型进行对比，根据对比结果判断该事物是否属于此类别。至于"原型"，就是一个类别中的"典型"成员。

心智中有各种各样错综复杂的分类及其原型成员，对于企业来说，让品牌以某种分类方式被记住，仅仅只是在心智中占据了一席之地，如果能够成

---

[一] 德国哲学家维特根斯坦提出了"家族相似性"这个概念，即人类的记忆并不是通过具体的定义，而是通过寻找相似性来实现的，这也为后来"原型"理论诞生奠定了基础。

为或者接近于该类别的"原型"成员,就会更容易在心智的日常运作中被提取使用、反复记忆。在实际的营销中,这个"原型"成员通常就是"品类"的第一(关于品类的详细讨论,将在第三章中进行)。

比如,当人们消费时,总会将产品品牌与属性特征相互捆绑,甚至某些产品会直接成为功能属性的代名词。例如,"特斯拉"是汽车,因为它具有电动汽车的属性,所以"特斯拉"被归结到"电动汽车"。这样,当消费者购买"电动汽车"时,就会首先想到"特斯拉",同类的其他任何产品,都会在无意识中被用来和特斯拉进行比对。所以,一个表达恰当的产品属性,会成为心智对品类的命名,也让产品成为这个品类的"第一"(原型)。

## 心智容量有限

1956年,哈佛大学心理学家乔治·米勒(George A.Miller)博士发表了轰动世界的文章"神奇的数字7±2"(The Magical Number Seven, Plus-or-Minus Two)。他通过实验调查,发现普通人的大脑在处理一段时间内面对的信息时,能够被记忆的项目通常为7个。

人类只能接受有限量的信息。超过某个极限,大脑就不再记忆内容。忽视这一点,总是尝试向过分饱和的心智体系中灌输内容,就会面对失败。

**这意味着,绝大多数消费者只能记得住同一品类的7个品牌,这就是定位理论中的"7定律"。**

由于心智容量有限,第一名的品牌,很容易给客户留下"最好的"印象。随后,第二名也不错,第三名可有可无,第四名之后,则几乎可以随时被取代。因此,在品类阶梯上,品牌按照影响大小、心智强弱,呈阶梯状排列。如果第一名占40%,第二名就是20%,第三名10%,第四名5%……例如,白酒行业中,第一名是茅台,第二名五粮液,其后品牌所占有的市场份额就迅速下降。更为残酷的是，由于移动互联网技术发展、市场的成熟与进步，人们的心智空间进一步被压缩。**特劳特更进一步提出的"二元法则"，一个品类中，消费者能记住的只有两个，品牌战争最后的赢家只剩下第一名和第二名。**

### 心智厌恶混乱

将混乱复杂的表象简单化、抽象化，是提高心智学习和记忆效率的关键，反之，混乱会让心智感到厌恶乃至恐惧。

**消费者对于品牌的接受程度，取决于其获得的信息是否足够简单。**好的品牌定位更容易被记住，在于其顺应了心智认知过程的"简化—归类—定位"规律，减轻了心智处理信息的压力。

比如，"公牛安全插头"品牌定位是"安全"，什么是安全、如何保障安全，其中内涵人所共知、显而易见；海飞丝定位是"去头屑"，什么是头屑、怎样去头屑，无论消费者的性别、背景、年龄、学历如何不同，都能轻而易举地理解其中的含义。这样，品牌在各个渠道传播都没有障碍，更容易被大众人群所接受。

所以，品牌传播的规划，必须要懂得如何去粗存精、去繁从简，将所有缺乏保留必要的信息全部删去，只为品牌留下最关键的词语。如果这个词语耳熟能详，甚至可以成为领先行业的标准。例如，美国联邦快递的"隔夜送达"，就让消费者一眼可知其品牌内涵，更成为后来许多快递物流企业效仿的标尺。

### 心智缺乏安全感

人类在几百万年的生存进化历史过程中，大脑进化出的功能之一就是感知风险。这一规律特点，决定了**消费者在面对任何品牌时，首先产生的都是内心信任度需求**，即对风险的担忧，这也就成为企业需要解决的重要问题之一。

消费者缺乏安全感，主要来源于以下风险因素。

第一，金钱风险。消费者在购买产品前，会担心付出的金钱不能换来应有的价值。企业必须要在品牌塑造过程中，解释产品的质量与价值，让客户信服。

第二，功能风险。消费者对品牌所涵盖的功能会有所担心，既包括对功能不足的忧虑，也有因功能过多产生的不信任。因此，企业塑造品牌形象时，应避免不足或夸大的问题。

第三，生理风险。消费者对产品是否会造成生理伤害存在担忧。例如，某品牌桌椅以"圆角"作为定位，指向的就是客户对尖角产品造成幼儿伤害而产生的风险意识。

第四，社会风险。消费者对产品是否会造成社会形象损失而担忧。例如，人们之所以不愿意选择某些品牌，并不一定源于对其产品功能的不满，而是对品牌引发的负面形象如"过时""落伍"等感到担心。

第五，心理风险。出于道德、精神等原因，消费者会对购买某些品牌的产品存在较强的心理负担。例如，购买某山寨品牌，就会认为损害了被模仿品牌的利益，而造成道德形象的损失。又如，购买曾经出现严重质量问题或负面事件的产品，也会引起情感上的不安。

## 心智难以改变

"印刻效应"说明心智一旦形成某种认知，就难以改变。在品牌塑造和传播过程中，企业一旦达成原有设定的定位目标，如果想反转原有的认知，是相当困难的。

2002年，茅台推出了红酒、啤酒等产品，其目标是在现有的全球第一白酒品牌资源的基础上，构建其他酒类的第二机会。为了打造茅台红酒、茅台啤酒，企业耗费了大量的人力、物力资源。然而，最终啤酒业务被雪花收购，红酒业务也泯然众人。

究其原因，茅台已经在消费者心中有了刻板印象，同白酒紧密联系在一起。无论其啤酒、红酒口感多好，都难以反转这种印象。结果，新产品自然难以被认可。

遭遇类似失败的并非只有茅台。美国施乐公司曾经花费数以亿计的成本，希望让消费者青睐其复印机之外的产品，同样遭遇失败。可口可乐公司曾经宣称改变传统配方的新饮料口感更好，但消费者甚至写信抗议。

**当消费者认定某一种观念之后，他们就会"自以为是"，很难改变。即便品牌拿出所谓的"真凭实据"，也无法改变他们的想法。**这一规律犹如双刃剑一般，统治着品牌传播领域：有利之处是，品牌正好可以借此打造出产品的竞争壁垒，让竞争者无法复制自我；不利的是，即使你登上了第一的宝座，试图改变心智的努力，也可能会让你从王座上跌落。

## 心智容易丧失焦点

一个品牌如果成功了，切记不要认为自己无所不能，妄图在新领域复制曾经的成功，很可能让心智失去对原有定位的聚焦。

海尔正是这样的例子。海尔集团曾经凭借其过硬的品质、出众的公关营销，迅速成长为中国家电第一品牌。2001年，张瑞敏和柳传志同时荣获"CCTV十大经济人物"，张瑞敏发表获奖感言时说道："当海尔成为消费者喜欢的第一家电品牌时，对我来说却是战战兢兢，如履薄冰。因为，当海尔的规模和营业额在增长的时候，利润却薄得像刀片一样。"为什么会出现这种情况？

海尔在冰箱领域获得成功之后，开始不断扩展新的领域：它做空调遇到了格力，做洗衣机遇到小天鹅，做电脑遇到联想，做手机遇到诺基亚，做豆浆机遇到九阳；油烟机有方太、老板，彩电有三星和日本的夏普、东芝、索尼，还有中国的长虹、TCL。在任何一个领域，海尔都没有占据主导地位。就好像一座城四个城门都打开，能守得住吗？海尔只能靠大幅促销来赢得销量：买彩电送DVD，买洗衣机送洗衣液，买油烟机送燃气灶。结果，每进入一个新领域，消费者的心智也随之被带入新的领域，被竞争者不断吸引。海尔不仅丢掉了原有的心智资源，而且还促进了竞争对手的发展。

## 第三节　如果不是第一

了解心智的运行规律，仅仅是打响战略定位的前奏。

"第一"毕竟是少数，对于很多不是"第一"的企业来说，虽然跟风、模仿行业的领导者，也能拥有一定规模，甚至赚钱盈利，但是却隐藏了巨大的危险。因为模仿别人来做事情，在战略上几乎是不可行的——对方已经在顾客头脑里面占据了某个位置，模仿者仅仅只是"活着"而已，没有自己的可以维系未来的"生存之道"。

比如，马云当年收购雅虎，他的计划是3年内把百度干掉，为此甚至付出了控制权的代价。但是3年过去，依然无果。是什么原因？是能力有问题、资金匮乏、没掌握核心技术，还是团队不凝聚？都不是。从定位的视角来看，这个问题就变得很容易理解，因为百度已经占据了业内"搜索"的第一，如果不能处理好和百度的竞争关系，就等于是和第一名正面抗争。虽然阿里与雅虎可谓是强强联合，但未能在消费者心智中找到合适的位置，也就逃不过成为搜索品类追随者的命运。

　　企业需要针对竞争环境确立优势位置，在做出定位之前，要先把握趋势，选择一个好的方向，然后圈定竞争对手，分析竞争性质之后，再选择自己可以进入的领域。竞争不是零和游戏，并不是全方位打败对手，而是在某个地方、某个方面，占据绝对领导优势。再强大的企业，即便像谷歌、华为，也只能在一个局部市场里打败对手。

## 案例

### 杨浩涌投资"瓜子二手车"

　　当年，杨浩涌以追加 4 亿美元为条件，同意赶集网与 58 同城合并之后，又以个人投资人身份向瓜子二手车直卖网投入 6000 万美元。2016 年年末，明略行公司（Millward Brown）的调查数据显示，经过瓜子二手车直卖网成交的用户数量占总交易量的 51.4%；排在第二名的人人车占 18.9%；第三名 58 同城占 14.6%；第四名优信二手车占 4%。

　　才不到两年的时间，从"赶集好车"到"瓜子二手车直卖网"，"二手车"交易量达到了同类竞争者"人人车"的 2.7 倍，交易模式也远优于"人人车"，牢牢占据了主导地位。作为该领域的新人，"瓜子"针对竞争建立优势位置的经验，显然非常有借鉴意义。

　　从把握趋势、选好方向来说，杨浩涌是看到了网上二手车交易的巨大机会，决定二次创业，把赶集网的"赶集好车"频道转型为二手车交易网站。这个行业之前的发展并不算快，市场也不成熟，但是从各种数据来看，二手车交易在未来一定是趋势。这样把战略寄托在一个有着大趋势的方向上，就有了一个非常扎实的基础。

此后，在大方向上，"瓜子"又准确界定了竞争对手。当时网上二手车交易开始起步，有优信二手车、平安好车、人人车，还有各种各样的交易模式：有 B2B 模式，即车商卖给车商；有 C2B 模式，即个人卖家卖给车商；有 C2C 模式，即个人与个人交易，等等。交易方式已经开始出现分化，不同的模式各有自己的特点，面临着这样的局面，如果不是针对竞争，优势就说不清楚。只有界定好竞争，品牌名、品类名及其价值才能真正被梳理出来。所以，针对竞争回答"我的优势位置在哪里"，整个品类和品类价值就会有完全不同的诠释。整个经营体系，包括未来的发展，及对顾客价值最大化的承诺也会完全不一样。

杨浩涌先生看中的是二手车交易这样一个大市场，而不是在某一个细分领域里的小市场。这样就必须考虑各类竞争对手，就要把每一类竞争的性质都分析清楚。很快，"赶集好车"就改名为"瓜子二手车直卖网"，"直卖"就像是一把利剑，劈中了竞争对手：它重新定位了传统线下交易"不是直接交易，而是有中间商赚差价"，而"瓜子"就成为"没有中间商赚差价""车主多卖钱，买家少花钱""创办一年，成交量就遥遥领先"的二手车交易平台。

**如果不是第一，就一定要找到有可能让品牌成为"第一"的新领域，然后打败竞争对手，牢牢占据第一名的位置。**

这个位置就是针对竞争确立的优势定位，企业要做的就是不断地去放大这个定位，去强化这个定位。比如，瓜子网在战略上永远不会脱离"直卖"这样一个定位，它不会跑到其他的一个地方去决战，它只会在它的定位地点决战，所以企业经营的本质，就是去创建并深化这个定位，等这个定位的价值做大了，企业就一定变得非常强大。

企业经营者还应该具备逆向思考的能力，如果人人都向东走，那就要看看能不能找个空位往西走，答案可能就是"反其道而行之"。甚至很多时候找到的"空位"并不一定非得是"振奋人心、引人瞩目"的，比如劳力士是第一块价值昂贵的手表；奥维尔·雷登巴赫是第一桶高价爆米花；米狮龙是美国第一款高价啤酒。对于消费者来说，高价能带去多少令人青睐的利益？但是，它们却填补了消费者心智中潜在的"空位"，取得了成功。

## 第四节　历史的教训

第一，意味着品牌在心智中获得了差异化，意味着"与众不同"。但是，"第一"并不是竞争时代维持品牌生存的万能药，很多曾经的"第一"，也曾遭遇滑铁卢，甚至从此离开我们的视野。

乔治·桑塔亚那拿曾经说过，"忘却历史的人，必将重蹈覆辙"。

在商业巨变的洪流中，我们应该驻足看一看，那些曾经处于巅峰的品牌，如何在白热化激战中"幸存"或"阵亡"。

### 白色巨人诺基亚

> 我们并没有做错什么，但不知为什么，我们输了……

诺基亚 CEO 约玛·奥利拉在同意微软收购的记者发布会上，说了这句话，随后他与几十名诺基亚高管不禁潸然泪下。

诺基亚是一家芬兰的公司，它的前身是一家生产橡胶鞋的企业，后来进入电缆行业，紧接着又涉足彩电、木材交易等行业。1992年，诺基亚换了新总裁，他发现通信设备和通信终端正处于风口，于是他迅速决策，开始聚焦于手机的生产。

此后多年，诺基亚投入巨大成本，去实行各种市场细分策略、进行群体调查，竭尽心力地满足用户的要求，并为此对每一位设计师进行情境设计训练。就技术和产品体验来说，诺基亚无疑曾是上一个10年中的"第一"。但是从2011年它被苹果和三星的智能手机赶超以后，短短3年，它就被迫出售手机业务。

当年，诺基亚最先发明了智能手机雏形，但是经营者面对一年几十亿美元的市场，对于一个产品前景不明确的未来，很自然地认为"谁会把我干掉呢"。于是，当2007年乔布斯发布首款苹果智能手机iPhone时，不少诺基亚高层都在嘲笑苹果的iPhone，"一款没有键盘的手机能怎么样？"

如今，曾经的帝国轰然倒塌，原因何在？

**首先，它违背了心智厌恶混乱的规律。**诺基亚为了满足不同的客户需求，开发出了上千个型号的产品。最终，消费者陷入了心智混乱的境地，面对如此之多的选项，他们不知道该选择什么，乃至心智产生了强烈的不安全感。为了控制风险、满足使用需求，消费者选择最便宜的产品，这很快导致诺基亚产品的均价迅速下滑。

不可否认，诺基亚的多样化设计，对于产品改良过程是有用的。**当移动互联网时代迅速来临之时，消费者的心智需要集中、明确起来，他们希望的不是逐步改良，而是品牌能完成革命性、聚焦性的创新。**显然，诺基亚持续因循传统的品牌理念，无法让消费者获得想要的安全感。这就违背了"心智厌恶混乱"和"心智缺乏安全感"的定律。

相反，苹果手机从第一代到最新的iPhoneX，都没有太多考虑消费者的个别需求，也就没有因为用户群体差异专门开发少儿版、学生版[一]、商务版、

---

[一] 但值得注意的是，苹果的iPad已经走上了另一条路，在推出高价的商务版iPad之后，又在2018年3月推出了低价的学生版。

娱乐版、老年版等机型，而是围绕最简单、最核心的"iPhone"品牌，打造更加准确、深刻、坚固的品牌形象。这样，一说到苹果手机，每个人的心智体系都指向同一事物，安全感自然形成。

**其次，用户心智资源改变，手机不再是"电话"。** 当世界进入移动互联时代后，消费者不再将手机归入"电话"种类，而是将之归类于"移动办公娱乐终端"中，诺基亚却并未能完全察觉。从这一分类来看，通话已经不再是消费者眼中手机最重要的功能，而变成了基本功能。在消费者的心智中，一台拥有较多功能的手持终端，应该满足其多种娱乐和办公需求。

事实上，iPhone4 就曾经出现较大范围的客户投诉，称手握电话某些位置时，通话质量会受到影响。诚然，这是苹果产品的设计问题，但并没有影响到消费者的心智认知，这一问题也根本没有影响到苹果手机的热卖。究其原因，消费者心中根本没有将苹果手机归类于"通信器材"，其自然不会受到影响。

遗憾的是，诺基亚的品牌定位始终停留于手机的制造、更好的通信，却忽视了消费者认知的变化。他们没有意识到，品类已经发生变化，自己已经被消费者的心智归类成为"传统手机"。

**最后，对塞班系统的坚持，违背了"心智容量有限"规律。** 诺基亚从始至终都在坚持使用塞班系统软件平台。当年，这一技术与微软的 WM 系统、安卓系统、苹果 iOS 系统，并称为智能手机的四大系统。在以通信为核心功能的时代，塞班系统确实占有不小市场份额。

当苹果推出其封闭的 iOS 系统后，基于精美的视觉体验和设计思想，其功能被发挥到极致，并结合苹果硬件产品逐步深入人心。同时，苹果 iOS 系统还率先在应用领域成功建立了产品社区与商业模式。苹果 iOS 系统的巨大商业成功，也刺激了开源的安卓系统。随后，各大智能手机厂家纷纷导入安卓系统，将之作为抗衡苹果的重要手段。

在这种情况下，消费者的心智容量被 iOS 系统和安卓系统挤占，留给塞班系统的空间越来越小。虽然诺基亚有所意识，也曾组织"开发者大会"等推广活动，意图促进塞班系统占领消费者的心智，然而，从启动时间、投入资源来看，都无法与苹果相比，差距不断拉大，诺基亚遗憾地错过了封杀对手的最佳时机。

## 黄色巨人柯达

柯达似乎并没有从中吸取教训。2017 年年末，它又推出了"柯达挖矿机"。且不说它试图在区块链的风口上，利用自己的发电机扳回一局，在技术上是否可行，仅从品牌角度看，它使用一个在消费者心智中已经死亡的品牌，已然是最大的失误。

2012 年 8 月 24 日，距离伊士曼柯达公司炸毁总部大楼已经 5 年，在当时那场"庆典"上，很多人坚信柯达将迎来一个充满光明的未来，谁能想到几年后公司宣布破产时，亏损达到 80%，柯达胶卷业务最终易手，全世界发烧友沉浸在一片缅怀时光斐然的伤感中。

时光流转到 100 多年前的 1880 年，乔治·伊士曼利用自己发明的专利技术，批量生产摄影干版；1883 年，伊士曼发明了胶卷，摄影行业发生革命性变化；到了 1888 年，公司推出第一台傻瓜式胶卷相机，伊士曼和母亲共同将其命名为柯达。

从此，世界进入了胶卷时代，"柯达胶卷"几乎成为摄影的同义词，到了 20 世纪最后 10 年，它仍经常被评为世界上最有价值的五个品牌之一，地位相当于今天的苹果或谷歌。

早在 1975 年，柯达的工程师史蒂芬·沙森发明了第一台数码相机。这台相机成像非常粗糙，但在原理上却彻底颠覆了摄影的物理本质，有希望成为新的产品品类。遗憾的是，1976 年时，柯达在美国的胶片和相机市场的占有率分别达到 90% 和 85%，管理层认为，如果进一步发展数码相机，有可能威胁到现有胶卷产品的利润，于是他们雪藏了相关技术，数码相机品类的诞生被迫推迟。最终，尼康成为市场上第一批专业数码相机的制造者，具有讽刺意味的是，其部件和数字传感器均来自柯达。当柯达推出数码相机时，虽然拿下了北美市场第二位，利润率却只有 2%。

多年以来，这家发迹于纽约州罗切斯特城的企业，有那么多的事情可以做，但结果却是什么都没做好。

在柯达举步维艰之时，长期的对手富士胶片过得要好得多。从 20 世纪 80 年代起，富士胶片预见了数码胶卷将被毁灭，他们采取了三面出击的策略：一是尽量从胶片业务中抽出资金；二是为数码影像业务做准备；三是开展新的业务。当富士的市值达到 126 亿美元时，柯达的市值仅剩 2.2 亿美元。两家公司的境遇为何如此不同？

柯达公司一心追求完美的产品，而完美产品的创制、商用及修整的一系列思路具有很高的技术含量，这些柯达公司却并不关心。他们只注重利用"柯达"品牌的价值，却忽视了及时选择新品类来占领消费者的心智。

很多人把问题归结于管理层的反应迟缓、犹豫不决，或是柯达每年达 13 亿美元的员工退休金这一累赘，在这些事实的背后，根本原因有二。

第一，柯达没有意识到，**对于行业领导者来说，在商战中有一条铁律——"最佳的防御就是自我攻击"**。身为行业第一，它却满足于每年 19 亿美元的专利收益，这无异于故步自封，只有不断地研发新技术、占据新品类，对企业进行自我进攻和革新，才有可能成为行业的长期领导者。

第二，就是当管理层决定推出数码技术的时候，却沿用了柯达这个品牌。黄色的标志和 K，在人们的心智中已经是胶卷的代名词，**任何一个品牌都很难在消费者的心智中占据两个位置、代表两种价值**。更何况，在消费者的心智当中，柯达就是胶卷，不可能与数码画等号。柯达把原有品牌向数码相机进行延伸，就是在违背心智运行的规律，注定要遭到抛弃。

值得一提的是，柯达似乎并没有从中吸取教训。2017 年年末，它又推出了"柯达挖矿机"。且不说它试图在区块链的风口上，利用自己的发电机扳回一局在技术上是否可行，使用一个在消费者心智中已经死亡的品牌，已然是最大的失误。

另外，它在破产重组后，宣称要成为一家主要专注于商业、包装和功能印刷解决方案及企业服务的公司。它寄希望于提供一个办公室打印机，卖给消费者廉价的墨水，以此来获取市场份额，这是在与打印机墨水生态系统作对——这个领域的成功模式是销售低价的打印机和高价的墨水。

当年绝处逢生的 IBM 公司也曾上演过成为类似解决方案服务商的戏码，只是 IBM 的转型更加波澜壮阔、影响深远。

## 蓝色巨人 IBM

> 谁说大象不会跳舞？

这是 20 世纪 90 年代 IBM 的 CEO 郭士纳，曾写过的一本书的名字。在书里他承认，"只有很少人知道，IBM 当时已经非常接近现金断流的境地"。1992～1994 年，IBM 分别亏损 26 亿美元、52 亿美元、81 亿美元，为了削减成本，郭士纳不得不裁员 3.5 万人。

实际上，在危机之前，曾经有几十年的时间，IBM 都是全球最大的计算机厂商，它致力于第一代大型机 System/360 的开发，在 20 世纪 60 年代耗费了 50 亿美元，这个数字甚至超过了美国政府研发核弹的"曼哈顿计划"。到 1969 年，IBM 的市场份额增长至 70%，成为第一家可以被称作"邪恶帝国"的大型 IT 公司，这甚至引起了美国反垄断监管部门的关注。

导致 20 世纪 90 年代危机的原因，有技术进步的威胁，也有业务模式的崩溃，更为根本的，是大型机业务的成功，让 IBM 过于关注内部问题。他们没有注意到，就外部竞争来说，IBM 是在电脑行业的各个领域都处于"第二"的公司，它的软件仅次于微软，它的芯片仅次于英特尔，它的硬件也仅次于康柏、戴尔。

此时他们找到了特劳特。"既然 IBM 是唯一掌握全方位电脑技术的公司，微软也好，英特尔也好，康柏也好，它们都是在电脑的局部领域是老大，但是如果提到电脑集成服务，它们都不如你。"特劳特建议 IBM 以"电脑集成服务"建立定位，以这一新的定位概念，替代"大型主机"认知。后来，采纳建议的技术部门主管彭明盛在几年后成为新任 CEO，IBM 借由此战略展开转型——它不仅放弃了包括 PC 和打印机等，即将廉价化、无法再获得足够利润率的十余项业务，而且，于 2002 年收购了普华永道的咨询业务，创造了名为"服务科学"的研究领域，甚至寻求此领域的自动化发展。到了 2001 年，IBM 的净利润已经达到了 77 亿美元。

如果品牌在每个方面都是第二，那就必须开启重新定位，针对竞争去确定新的优势位置。正如 IBM 放弃局部战场，将重心转移到集成电脑服务上，反而到了英特尔的上游。

10 年后，IBM 迎来了自己的 100 周年，此时它已经经历了三次转型，其中 20 世纪 90 年代这次尤为惊心动魄。通常来说，IT 企业很难永远保持领先，计算机行业相对于其他行业，有更多的创新和变化。每过 10 年左右，一个新的平台就会出现，并带领计算机行业达到一个新的水平。比如，最先出现的是大型机，随后出现了分布式系统、小型机、个人电脑和服务器。这个行业里的大企业更倾向于维护当前的业务，而不是开辟新的业务，比如微软目前仍依赖 Windows 操作系统。但是 IBM 却成为一个令人惊异的存在：为什么它在创立如此长时间后，仍然能获得繁荣发展？

毕竟，**从一个平台向另一个平台的转型，意味着对企业各个方面的挑战，包括技术能力、品牌，以及盈利方式。**只有很少的企业实现了在不同平台之间的转型。难能可贵的是，IBM 的三次转型，都是对原有业务的颠覆：第一次是从机械制造到计算机制造；第二次是从大型机制造到包括个人电脑在内的分布式计算机系统；第三次是从计算到服务。

所以，当新一代巨头如思科、英特尔、微软和诺基亚都受到了市场转型的影响，并逐渐被市场边缘化的时候，IBM 却还能激流勇进。《经济学人》甚至预言，IBM 第四次转型成的人工平台，也许能持续到下一个 100 年。

PART2

中 篇

# 如何做到第一

  大部分企业，都要经历一个由小到大，从百万级到千万级的过程。少数还会经历从几亿级到千亿级的过程。在此期间企业家要学会很多事情，从内部管理到外部营销，他们肩负着最沉重的任务与责任，每一次崛起都意味着他们经历了常人难以想象的煎熬。

  至于定位理论和品类战略对于企业家的帮助，并不仅仅是提高企业在面对外部竞争时的实力，真正的帮助在于对企业家内心的洗练：当企业家认同定位理论、心智规律之时，就像面对商业的镜子，他们将看到自己曾经的贪婪、骄躁、怠慢。唯有戒除掉它们，企业家的精力才得以专注，企业才能聚焦于做好一件事，让它成为企业迈向成功的第一块基石。

CHAPTER3

## 第三章

# 找到你的品类

> 同一纲内生物间的亲缘关系可以用一棵大树来表示……那些绿色发芽的嫩枝代表了现存物种，而那些在过去几年所生，而又枯萎了的枝条，则代表那些长期连续的灭绝物种。在每个生长期内，所有正在生长的枝条，都竭力向各个方向伸展，去遮盖周围的枝条，使之枯萎。在任何时期的生存斗争中，物种和物种群去征服其他物种的情况也是如此。
>
> ——达尔文

当时代改变，品牌成为商业竞争的最基本单元时，企业所有的营销力量都将聚焦于品牌之上。但是，如何建立一个强大的品牌？仅仅立足于品牌本身，并不能带来市场，只有透过表象，看到消费者的心智，你才会发现品类才是消费选择的根基。只有成为潜在消费者心智中的品类代表，并且推动所在品类的发展、主导品类，才可能创建具有强大影响力的品牌。

## 第一节  什么是品类

"品类"（category）这个概念最早诞生于零售领域，当时基于市场和销售管理的角度，A.C.尼尔森调查公司给品类的定义是"确定什么产品组成小组和类别，与消费者的感知有关，应基于对消费者需求驱动和购买行为的理解"。

但是随着从市场时代跨入心智时代，特劳特和里斯从心智角度开启了对"品类"的重新认识。

### 品类思考，品牌表达

根据心智归类记忆的规律，心智处理信息的方式是接受信息后，先将其归类，然后加以命名，最后储存在记忆中，即"发现—归类—命名—储存"的顺序。"归类"和"命名"这两个过程非常关键，即心智将具有相似性的信息进行归类，就如同把这些信息都放入了心智中的同一个"小格子"里，品类就是储存不同类别信息的"格子"，而且每个格子都有自己的名字。心智在思考品牌的时候，首先提取的信息就是品牌所属的品类的名字。归类的过程，完成了心智对复杂信息的简化处理。

比如，如果一个人要装修房子，他在装修完成后会想着"我要再装格力"吗？不会，他会想的是"我该装个空调"，然后可能会选择格力。但是，在这个过程中，他会与别人讨论的，通常是选哪个品牌，而不再是空调这个品类。所以，消费者思考的顺序是先品类、后品牌。

简言之，就是"品类思考，品牌表达"，消费者会用最少的时间去思考要购买的品类，然后用品牌把东西买回来。

比如，如果你吃火锅喝凉茶，会想到谁？王老吉。这些年来，王老吉和加多宝一直在你来我往地唇枪舌剑，于是壮大了凉茶这个品类。如今，如果消费者去吃饭，一想到自己可能上火，就会想要喝点凉茶，但是他会说要 5 罐凉茶吗？不会。他会说，"来 5 罐王老吉"。但是服务员却可能给了他 5 罐加多宝，他会生气吗？也不会。因为消费者通常会把"加多宝"也称为王老吉。虽然加多宝的市场份额领先，但认知还在王老吉这边。加多宝的团队曾经也很无奈、郁闷，所以在 T 恤衫后面印上"请叫我加多宝"。

## 品类决定大小，品牌决定强弱

如果要看一个品牌未来能够做得多么强大，首先要看这个品牌所处的品类是否够强大。"冰山原理"可以形象地说明品牌和品类的关系：悬浮在水中的冰山，水面上的部分是品牌，水面下的是品类。品类的大小决定了品牌的大小。

比如，饮用纯净水这个品类就是非常大的品类，如果做到这个品类的第一名，品牌就一定非常强大。

与之对比的，是市场上的植物蛋白质饮料，它有两种原料，一是核桃，二是杏仁。河北承德的"露露"算是饮料行业的"老板凳"，它产品单一，主要是杏仁露和核桃露两种，公司自 2014 年营收达到 27 亿元后，2015 年、2016 年营收增长乏力，而且有逐年下滑的趋势。露露的"杏仁露"虽然占据了以杏仁为原料的蛋白质饮料市场 80% 的份额，在行业内无竞争对手，但其核桃露的市场被养元的"六个核桃"冲击得体无完肤。据报道，"六个核桃"正在谋求上市，其 2015 年营收高达 91 亿元，净利润 26 亿元之多，净利润率接近 30%，无论是市场份额和净利润率都超过承德露露。

既然承德露露的杏仁露已经是行业第一，那么营业额为什么并不高？一方面，杏仁并不是一种在大众心智中有较高认同度的食品，这就导致以杏仁为原料的蛋白质饮料这个品类本身就不会有太大的发展空间；另一方面，中国人素有以核桃作为补脑佳品的传统，达利园、露露核桃露、大寨核桃露等也为"六个核桃"开辟了早期的江山，所以"六个核桃"提出"经常用脑常喝六个核桃"，顺应了认知，当然就会引爆市场。

**如果品类消失，品牌也会消亡。**

做品牌首先要看这个品类的未来前景怎么样，品类外部是否面临威胁，不能只看业内的竞争。

例如，黄色巨人柯达在百年之后的破产重组，并不是因为胶卷的产品出了质量问题，也不是在品类里遇到了强大的对手，原因来自品类外部。当时柯达公司分为胶卷事业部和数码事业部。前者每年都产生巨额销售和利润，后者却只是花钱研发。柯达为了保证眼前的高利润，抑制数码技术的研发，结果在数码技术领域被尼康、佳能、索尼、三星等迅速超越。在这些公司的推动下，数码技术成为主流，胶卷品类被数码品类取代，曾经强大的"黄色巨人"柯达轰然倒下。

诺基亚、黑莓都曾经是键盘手机的先驱，但是相继面临收购和挂牌出售，根本的问题在于，消费者已经不再钟情于键盘手机这个品类，它仿佛是20世纪的古董，被新时代的"弄潮儿"触摸屏手机击败、取代，即便是该品类中的第一名，也难逃消亡的命运。

## 第二节　品类必然分化

### 分化与渐变

在生物学中，达尔文提出了"进化"（evolution）这个概念，它是指种群里的遗传性状在世代之间的变化，即种群基因频率的改变。它包括两个方面，一方面是从祖先逐渐演变到当前状态，即自然变化带来的"前进演化"，也称"渐变"（gradual change）；另一方面是从祖先分裂出去创造的新分支，即"分化"（divergence）。

后来，特劳特和里斯发现进化的两种情况同样存在于商业界中，其中对于企业生存和发展尤为重要的，是品类的分化。两人在《22条商规》[⊖]中就提出了"分化定律"，即**每一个品类总是始于某一个单一的品类，但在一段时间之后，这个品类开始分化成几个小品类**。在自然界中，环境的变化为物种的分化创造了条件。在商业界，技术和文化环境的变迁为"品类的分化"创造了条件。

比如，IT领域的主机、微计算机、工作站、个人电脑、笔记本电脑等，都是从第一台计算机雏形诞生后，在技术进步的过程中，不断分化出的新品类。还有通信领域的电话，现在已经分化出了普通电话、无绳电话、耳机式电话、移动电话、卫星电话这些新的品类。所以，定位所讨论的分化，不是传统意义上对市场的细分，而是从原有品类中分离出的具有独特共同属性的新品类。

**甚至，品类分化之后，部分可以大于原来的全部。**

比如，IBM是商用电脑整体提供商，但后来崛起的微软只提供软件，却让比尔·盖茨成为世界首富。还有比萨品类，第一个知名品牌是必胜客，接着从渠道分化出了外送比萨"达美乐"，后来又从特性分化出"更好馅料，更好比萨"的"棒！约翰"，后者在请特劳特做了定位咨询后，销售增长两倍于行业平均速度，利润上升了66%。

另外，需要注意的是，渐变也存在于商业界，而且它与分化是各自独立

---

⊖ 此书中文版已由机械工业出版社出版。

存在的，混淆它们会引发极大的问题，里斯指出"**如果把分化看成自然变化（渐变），就会错失创建一个丰厚利润的新品牌良机，如果把自然变化（渐变）看成分化，就可能在推出一个新品牌后招致灾难性的结果**"。

比如，智能手机从 3G 信号升级到 4G 信号，这是品类的渐变，企业不能因为应用了 4G 信号，就认为可以开创一个新品牌。但是，智能手机的诞生，则是从掌上电脑（Pocket PC）分化而来的：最早的掌上电脑并不具备手机通话功能，用户对于掌上电脑的个人信息处理方面功能的依赖不断提升，又不习惯于随时都携带手机和 PC 两个设备，所以厂商将掌上电脑的系统移植到了手机中，才出现了智能手机这个新品类。

纵观近年来中国服装产品库存榜单，"冠军"得主不断更迭：2013 年是李宁；2014 年是报喜鸟；2015 年是波司登；2016 年，周华健代言的浙江服装企业庄吉公司直接申请破产。与这些一度知名的品牌相比，劲霸男装却持续"劲霸"，连续 13 年占领中国休闲服饰品牌价值第一名的宝座，同时连年提升。固然有多种主客观因素造成了如此大的差异，但最关键的基础在于劲霸男装选择了正确的品类：男式夹克。

"劲霸"很清楚，在 20 年前，为产品选择"男士服装"这样的品类或许能一时成功，但随着市场细分、消费需求提升，这种品类无法让消费者充分记忆。因此，他们果断选择了"夹克"品类，将之和品牌名称牢固捆绑。在其广告语中，该企业明确传递了品类信息："专注夹克 35 年，积累更多版型，让夹克更有型。更好版型，更好夹克，劲霸男装。"

服饰行业中，同样做到这种成功选择的，还有袜子的"浪莎"，裤子的"九牧王"，腰带的"LV""PRADA""Burberry""HERMES"，内衣的"CK"，西装的"ARMANI"……这些品牌所占据的品类，都是从最原始的"服装"品类中分化而生的。

不过，分化并不意味着品类战略成功。有些品类经过分化，能够得到美好的市场前景；有些品类虽经分化，也只有很小的市场潜力。甚至在进行分化之后，企业得到的"机会"实际上却是陷阱。为此，营销者必须要正确评估原有品类，选择恰当的路径，再进行分化。

## 分化品类的方式

分化品类的前提，是找到某一大品类中的心智空位，打造出新品类。通常而言，服装、餐饮、电器等行业，都属于较大品类，从企业原有定位的角度看，分化的方式主要有以下两种：

第一，领导者分化防御。

分化品类不仅利于品牌竞争中的进攻，也能帮助企业有效防御，保护自己的第一名位置。

东阿阿胶公司在2005年，邀请特劳特中国咨询公司梳理出阿胶产品的三大功效：滋补、补血、养颜。为了在每种功效上都进行有效防御，东阿阿胶将三种功效分别命名为不同品牌：滋补，对应东阿阿胶；补血，对应复方阿胶浆口服液；养颜，对应桃花姬即食阿胶。这样，在不同的具体功能领域，其品牌都能进行有效防御，避免被分化而被击败，成就总体的强大竞争力。

值得注意的是，企业在成为品类老大之后，更要主动分化产品品类，防御其他跟随者品牌的侧翼进攻。

第二，跟随者分化侧翼。

在某个大品类中，面对已有的第一名，后来者想要进攻，不可能全面竞争，只能具体到其中的分化品类。

以空调行业品类的竞争为例，可以看到分化品类对进攻消费者心智阵地的重要性。一般而言，空调从功能上可以区分为两大类：中央空调和家居空调。进一步区分，又能将前者分为商业中央空调、工厂中央空调，家居空调则可以根据场景、节能等级来进行区分。当格力成为家居空调行业的霸主之后，其他空调企业是否就没有品牌竞争的优势了呢？答案当然是否定的。它们已经利用分化品类，打造自己在具体产品领域中的优势。例如，在中央空调行业中，销售业绩最好的是大金空调；而在"节能空调"这一品类上，美的通过分化，也击中了格力作为变频空调的弱点。

如果企业想与比自己实力强大的对手竞争，就一定要攻击对手的薄弱环节，找出对方最薄弱的品类领域加以分化，在更小层面去集中力量进攻，就很有可能取得局部的胜利。例如，在中国最先推出瓶装饮用水的品牌是"乐百氏"，娃哈哈随后跟进，占领了消费者"瓶装饮用水"的心智领域；当康师傅进入该行业时，又分化出"矿物质水"这个全新品类，农夫山泉则对应打造"天然水"。2013年，加多宝又推出"雪山矿泉水"品类的"昆仑山"品牌，屈臣氏找到了新的分化品类"蒸馏水"，法国依云则是"高端进口饮用水"。无论是最初的饮用水、矿物质水，还是后来的"天然水""雪山矿泉水""蒸馏水""高端进口饮用水"，都类似于生物界进化中不断细分出的生物品种。主动进入和其他品种所处的不同的新品类，产品品牌才更有希望被记住。

## 第三节 如何选择名字

每一个产品都应该有两个名字，第一个名字是品牌名，第二个名字是品类名。企业在战略定位时，第一件事就是要将品牌名和品类名紧紧地锁定在一起。比如，奔驰轿车，它的品类名是德国进口豪华轿车；劳力士的品类名是瑞士手表；百度的品类名是中文搜索；谷歌的品类名是英文搜索。

## 品类名

品类名是直接与消费者购买需求链接的桥梁。品类名如果不对,将带来非常危险的后果。**对品类名的要求有以下三点。**

### 1. 要求通俗

什么是通俗?比如,啤酒就是啤酒,消费者一看就理解。如果你做了跟啤酒一样的产品,却要叫作"麦芽发酵48小时加二氧化碳的含酒精饮料",这种想法似乎很可笑,但是很多企业经营者却犯了同样的错误。

比如,本来势头正好的"东方魔水"健力宝,在2005年换了新总裁,这位新总裁开会讲道:"要借助健力宝的品牌优势,满足不同人的需求。既然健力宝是运动饮料,那么不运动的人喝什么?"于是,他推出了一种新饮料——"第五季",有冰红茶、乌龙茶、果汁、冰激凌、咖啡等;然后请了一家策划公司,给"第五季"起了个品类名,叫"情绪饮料"。它想表达的是,在任何的状态下,你都要喝"第五季",因为它满足你不同层次、不同环境、不同时间的需求。

想象很美好,但是这样的策划会成功吗?没人明白"情绪饮料"的功能是什么,消费者会问"我应该在哭的时候喝,还是笑的时候喝?喝了能让我变开心或悲伤吗?"果不其然,"第五季"高调进入市场,很快就消失无踪,它也使健力宝公司一度陷入低迷。

### 2. 要容易理解

广西有一家茶叶生产企业叫"八马",请了一家策划公司做调研,得到的结论是:买茶的不喝茶,喝茶的不买茶,都是互相送。从商从政的逢年过节送茶比较多,于是这家策划公司给这个茶起了名叫"商政礼节茶",耗资1.5

亿元在全国大多数机场上广告。但是到了茶馆消费者那一端，服务员说我们有龙井、普洱、大红袍，顾客会选一种喝，但是如果服务员说我有"商政礼节茶"，消费者会理解吗？

定位理论不是预言，但学会定位可以让你判断将要发生的未来。七匹狼男装2015年上半年就关了519家店，为什么？七匹狼品牌本来代表了休闲男装，可却偏偏要定位在"品格男装"，还请了明星造势"品格男装七匹狼"。显而易见"品格"是一个抽象的概念，消费者很难把它和具象的服装联系到一起，还会疑惑"难道不穿'品格男装'就没品了？"

### 3. 具备通用性

"农夫山泉"的包装上有一排小字——"天然饮用水"；秋林格瓦斯下面也有一行小字——"面包发酵饮料"。不要小看这一排小字，它对消费者是否选择你起到了重要的作用。原来，秋林格瓦斯外包装的品牌名字下面写的是"贵族血统，百年品牌"，这句话的内涵是俄罗斯贵族100年前的故事，东北地区的消费者也许能理解，到了南方就让人莫名所以了，没人知道贵族血统是什么意思，也不知道这样的饮料应该是什么味道。但是，如果直接写上"面包发酵"，消费者就会一目了然：这是以面包为原料的天然味道。

2011年9月，特劳特先生离开北京的时候，曾和笔者一起进餐，言谈之中关于"如何用定位帮助企业避免错误"，特劳特先生送给我一个词——"常识"，即定位不能违背人们的生活观念。我们看一个广告文案好不好，不要去看辞藻有多么华丽，只要去调研消费者能不能看得懂就可以了。

所以，企业做品牌传播，品类一定不能错。只有弄清楚品牌所属品类的特性，才能知道企业的核心业务在哪里，是销售还是服务。弄清楚之后，再进行相关运营配称、人力资源配备等各方面战略。

## 品牌名

《圣经》有云:"宁择好名,不选巨财。"**品牌名应该遵循独特、简单、顺口,并蕴含所属品类的特性。**

比如,牛奶品类中的几个知名品牌:三鹿、三元、光明、蒙牛、伊利,哪个品牌的名字最能代表牛奶的特性?显然是蒙牛。到了2004年,几大品牌都推出高端牛奶系列:蒙牛的"特仑苏"、伊利的"金典"、三元的"极致"、光明的"莫斯利安",只有"特仑苏"这个名字比较符合定位对名字的要求。至于其他,"金典"容易与"经典"混淆;"极致"不仅不顺口,而且语义宽泛容易被滥用;"莫斯利安"这个名字又过于拗口,常常会被认叫错成"莫里斯安"。

特劳特在《定位》里曾指出:"起对名字,等于战略对了一半",我们如果起错了名字,可能会让战略错了不止一半。

2008年的"三聚氰胺"事件让河北的三鹿倒下了,所有的媒体都把矛头指向了三鹿董事长田文华,指责其良心坏了。但是,我们认为三鹿的倒下,是因为平庸的战略。试想,蒙牛、伊利都有类似的问题,但为什么倒下的只有三鹿?第一,因为三鹿在行业里不是第一名,顾客可以不选择它。第二,品牌延伸波及全部业态。三鹿没有像蒙牛、伊利那样,将奶粉、酸奶、牛奶分别使用不用的品牌进行宣传与配称,而是统一将"三鹿"这个品牌延伸至众多品类中。假使它的奶粉不叫"三鹿",而是叫"梅花鹿",即便奶粉有了问题,另一个品牌的质量合格的牛奶没有问题,企业也不会受到灭顶重创,三鹿的3万名员工也不会失业。

**所以,公司在平时的经营中就应该申请一些有价值的商标,储存起来,以备不时之需。**军事上有很多类似的情形,例如潜艇的构造就是分离舱,一个舱出问题的时候,人可以撤离到另一个舱。如果只有一个舱,一颗导弹就能让整个潜艇沉没。

比如，2012年5月9日，中国国际经济贸易仲裁委员会做出裁决，广药集团与加多宝母公司鸿道集团签订的商标使用协议无效，鸿道集团停止使用"王老吉"商标。如果加多宝公司就只有一个"王老吉"商标，当时被要走了，以后可怎么办？幸好加多宝公司有可以替代的商标。1995～2000年，加多宝公司有四个事业部，包括茶、果汁、矿泉水、凉茶，后来经过定位梳理，砍掉了其他业务，只留下"昆仑山"矿泉水，"王老吉"凉茶，所以"加多宝"商标就空余下来了。彼时正好改名"加多宝"，算是在"兵荒马乱"中挽救了危局。

再看看汽车品牌命名：德国大众旗下的奥迪、兰博基尼、宾利、捷达、帕萨特；美国的福特、别克、凯迪拉克；韩国的现代、大宇；日本的丰田、本田、雷克萨斯、英菲尼迪。这些品牌名是不是各有特色？

再看看中国汽车品牌名，不看销量，不看技术，也不考虑未来发展，单纯看名字。你叫宾利，我就叫"吉利"；你叫奥迪，我就叫"奥拓""比亚迪"。对此感受如何？

2013年北京的4S店只有1/4在盈利，3/4都在亏损。前者都是国外独资品牌，后者是国产品牌。到2015年持续的经济下行，汽车需求锐减，车企亏损严重。一汽大众上半年几乎处于半停产状态。即使中国轿车品牌中最有希望的"红旗"，也不可避免地犯了以下两个大错误。

第一，红旗品牌一直在塑造"高大上"的形象，但是在全球高端行列中并没有它的位置。因为这些位置早已被迈巴赫、劳斯莱斯、雷克萨斯、英菲尼迪等品牌占据。

第二，它没有像长城那样去在普通大众档次中找到一个合适的位置。而且，也没能及时对诉求策略进行调整，它之前是怎么诉求的呢？"红旗S7，让理想飞扬"，这种诉求能进入顾客心智吗？看看奔驰是怎么诉求的："1885

年,我们发明了汽车。今天汽车的发明者再次发明了汽车,奔驰 S400(全车采用 LED 照明)。"哪个广告更有吸引力?答案一目了然。

## 案例

### 竹妃纸巾

2015～2017 年,原本"雪白"的国内纸巾行业,忽然冒出一种略微泛黄、颇有复古感的"本色纸",它的异军突起,打破了纸巾行业沿袭多年的市场格局——在几年间,本色纸以近乎 100% 的速度在增长,迅速占据了纸巾市场约 4% 的份额,并且持续上涨。消费者对它的了解,从仅限于其不含荧光剂、漂白剂,逐渐深入到对竹浆原料、工艺安全,乃至环保价值的认知。

苏路江是 2014 年迈入纸巾行业的,在此之前他做了 13 年服装设计师,财务自由之余却感受到生活的惘然。所以,他的创业初衷并非平常的"颠覆传统行业"或"创新商业模式",而是被同行朋友(如今是创业伙伴)放弃事业回到深山老林种地的行为所打动,经历了研习传统文化、渴望回归自然的心路历程,一段时光的积淀之后,突然萌发出了"只做天然好产品"的念头。

于是,他和几个志同道合的朋友联合,在湖南成立了"天然工坊"。他们考察再三,决定以解决"纸巾行业环保危机"这个痛点,作为第一步。

"竹妃"应运而生了。

经过短短两三年的发展,竹妃纸巾在 2016 年销售额就达到了 5 亿元,到 2017 年已经突破 6 亿元。很多人可能会困惑,为什么苏路江这样一个美术专业毕业的"80后",能够带领一群追寻国学、似乎远离尘嚣的伙伴,从一个念头开始,实现了上亿的销量?

其实他们和所有的创业者一样,也曾经遭遇困惑、挫败与煎熬。历经 2015 年的低谷，大家的工资拖欠了一年，却无人离开。显然，支撑他们坚持下来的，是他们的强韧意念，乃至对环保的热忱情怀。同时，我们认为，另一个不可或缺的要素，是他们拥有良好的商业根基——在创业最初时，就选对了赛道。

2014年，中国正处于消费升级的大潮中，人们越来越注重健康，天然的、生态的、环保的产品越发受到消费者青睐。天然工坊当时选择做健康环保的竹浆纸巾就是顺应了消费趋势，不漂白、无有害添加的本色纸更健康，这方面意识比较强的家庭，以及有婴幼儿的家庭，会优先选择这类产品。加之中国人口基数足够大，随着每年新生儿的增加，客观上也形成了竹浆纸巾潜在的庞大消费市场。

常有人说，创业就是找到风口，但从定位的角度来看，创业其实就是选对品类。

当初，苏路江选择做本色纸，是因为他们发现了竹浆纸的原材料是慈竹，这种竹子天然生长、周期短、再生能力强，一年就能长成材。而且，竹子含有竹醌，有抑菌作用，不需要农药，符合健康环保的理念。

所以最初时，竹妃的定位就非常有优势："天然竹纤维，抑菌不漂白""100%天然竹浆""使用6箱竹妃纸等于拯救一棵树""以竹代木"等。由于满足了大众的健康环保诉求，竹妃迅速得到大量消费者的认可，也带动了竹浆纸巾的风靡和催生了大量跟随者——它们也大都模仿"竹妃"的理念，有的略加改动，有的完全照抄，甚至连包装都雷同。在这些跟随者中，很多原材料不是真正100%竹浆，消费者对此难以分辨，这就导致竹妃的与众不同难以被消费者认知。

另外，苏路江还需要面对产品供应压力、平台发展瓶颈等问题。

对此，我们先从品类定位入手。进一步明确竹妃的品类，是"100%竹浆纸巾"。通过"竹浆100%，本色不漂白"的品类诉求，强化竹妃是"100%竹浆"的纸巾，并且为竹妃纸巾树立"100%竹浆纸"的品类定位。

另外，竹妃的定位也必须聚焦到一个点上，所以我们也为竹妃做了重新定位，即"家有宝贝用竹妃"。

竹妃纸巾销售数据显示，它的消费群体以"宝妈"居多，她们最关心的是宝宝的健康，对于家庭用纸具有决定权，也是直接购买者。因此，竹妃的定位诉求，应该直接针对"宝妈"群体。至于为什么是"宝贝"而不是"宝宝"？因为其一"宝贝"和"竹妃"押韵，"家有宝贝用竹妃"朗朗上口，更易记忆；其二"宝贝"令人更感亲切。

我们还为这一定位诉求找到了一条信任状：超过200万宝妈的共同选择——这条信任状基于竹妃纸巾真实的购买用户数据。

至此，竹妃纸巾的完整品牌故事如下：

> 家有宝贝，更适合用竹妃
>
> 竹妃100%竹浆纸巾
>
> 竹浆100%，本色不漂白
>
> 给宝贝更安全的呵护
>
> 家有宝贝用竹妃，超过200万宝妈的共同选择

不仅如此，企业还要在保证品质的同时，解决供应链问题。现在，在四川的竹海中，已经有了天然工坊投资的竹浆厂，以保障竹妃的产能和品质。

截至2018年8月31日，天然工坊的微信公众平台累计关注用户达到24 256 356，天然工坊手机APP下载量474万，竹妃纸巾的购买用户量为4 939 118，2018年销售额预计突破10亿元。竹妃的商业故事，也已经被中欧商学院选中，作为教科书级的案例。

CHAPTER4
# 第四章

# 定位的方法

找到了油井,时间会变成你的朋友。找到了沙漠,时间会变成你的敌人。

**——乔治·索罗斯**

定位的精髓在于,将原本看不见、摸不着的内心观念,当作现实存在的目的地,然后设计方案、运用方法、整合资源,推动品牌走入其中。

在此过程中,企业需要同时关注战略和战术两个层面:战略方面,企业需要从品类着眼,寻找并确定最主要的战场;战术方面,是在了解竞争对手与自身现状的基础上,运用最适合的定位方法,到达目标位置。在此,笔者将不同的定位方法进行了归纳总结:抢先占位、对立定位、开创新品类、关联定位,一共四种,将在本章中进行阐释。

## 第一节　抢先占位

《孙子兵法》云："兵贵神速。"抢先占位，说的是企业要在心智中发现空位，比别人抢先一步占据优势位置。主要有以下两种类型。

### 有品类，无品牌，抢占品类

当某个品类内，存在着各种公司的产品，但是却没有能让人记住的品牌时，企业就应该切入，快速推出自己的品牌，就有可能抢占到品类内的最高阶梯。

比如，如果谈及中国的男装品牌市场，一直做到定位精准的莫过于劲霸男装了。与西装、鞋等早已被各大品牌占据的传统品类不同，夹克品类的历史只有几十年，但是却成了男士的必需品，它一方面有着强大的市场，一方面又没有领导者品牌，这种"强品类，弱品牌"的情况，对于企业来说，正是进入的绝好时机。

当年劲霸男装的广告是："劲霸男装，专注夹克35年，积累更好版型；劲霸男装，更好版型，更好夹克；K-BOXING"。

这个广告所有的画面都是突出产品、突出版型。它简单直接，而且告诉消费者"专注夹克35年"，这不是塑造唯美浪漫，而是给出了让消费者认为值得购买的"信任状"。据悉，劲霸的董事长洪中信在2002年展开了战略定位，此后不过3年时间，劲霸就成了中国商务休闲男装的领导品牌。

同样的案例还有最先发现快捷酒店品类空白的如家、汉庭；发现面膜品类空白的美即面膜；发现精油品类空白的阿芙精油，其品牌宣传语是"阿芙就是精油"……

值得一提的是杭州小笼包，它本身是一个大品类，但是业界里并没有领导品牌，如果能有一家企业以"白熟蒸"这个品牌来代表杭州小笼包，笔者相信它将可能创造上亿规模的产业。

## 单品类，多特性，抢占特性

一个品类往往有很多特性，如果品类已经有了强大的领导者，那么就抢占品类的某一个特性，让消费者想到特性就想到你。

比如牙膏这个品类，它第一特性是"防蛀"，在美国最早发明含氟牙膏的是佳洁士，当时中国还没有"防蛀"这个概念，于是高露洁照搬佳洁士在美国的广告，抢占了中国市场。两年后，佳洁士发现这一情况，开始反攻高露洁。尽管佳洁士投放了三倍于高露洁的广告，却依然难以超越后者。因为高露洁已经在顾客大脑中抢先"印刻"了防蛀的概念。这甚至造成一个啼笑皆非的局面：一条高露洁广告后面跟三条佳洁士广告，但是消费者并不买账，他们还以为"高露洁疯了，为什么每天上四条广告？"

终于，佳洁士在无奈之中改变了战略，去抢占了"洁白"特性。没想到，市场上又冒出一个"冷酸灵牙膏"，它抢占的是"抗过敏"特性，经典广告词是"抗过敏，冷酸灵，冷热酸甜都不怕"。实际上，冷酸灵在学习定位之前，曾经找中华、佳洁士配方，想推出同样的产品，但经过定位咨询之后，冷酸灵明白了在中国竞争如此激烈的牙膏市场，它之所以能生存下来，是因为占据了"抗过敏"这个定位。冷酸灵没想到的是，后来闯入的"舒适达"更为强悍，它是医药企业葛兰素史克旗下的品牌，拥有在牙齿表面形成保护膜的专利技术，打出了"持久抗过敏"的定位。抢占特性可能在短期内获得市场，但这个特性如果不能形成技术壁垒，就很容易被后来者抢走，这是企业需要防范的。

## 第二节　对立定位

很多企业都会面临强大的对手,但是我们需要知道的是,对手的"强"不是在现实层面的强,而是它在消费者的心智中拥有足够强的地位。后来进入的企业,所要做的是寻找对手在消费者心智中的弱点,即一个它与生俱来、很难改变的"固含"问题。

比如,七喜利用可口可乐定位为"非可乐",因为可乐含有咖啡因,否则就不是可乐,这个就是固含的特点。但是,"和其正"的"瓶装更尽兴",进攻的就不是加多宝的弱点,因为后者也很容易推出瓶装。

再如,云南白药推出的创可贴"有药好得更快些",攻击的就是长期以来占据创可贴领导者地位的邦迪的弱点,因为它的定位是"有药"的创可贴,这是利用了云南白药在中国消费者心智中的深刻认知,同时也是邦迪的缺憾。此后连续两年,云南白药创可贴都位居中国该市场的第一位——它胜出的原因,不在于产品,而在于心智。

所以,对立定位就是让企业彻底站在竞争对手的反面,通过对抗,形成"超越"与"取代"。

如何实现对立定位,笔者总结为以下四个步骤。

**第一步,界定竞争对手。**

企业要摒弃本位意识,要站在企业的外部去界定地标。可以有以下两种界定方式。

### 1. 品类界定

可口可乐是第一家发明了碳酸饮料的公司,在该品类内没有竞争对手,那么就需要在品类外部界定竞争对手。后来借助"二战"禁酒令,它把整个酒品类界定为了竞争对手。

汽车刚发明的时候,要做的不是在内部找竞争对手,而是要取代马车这个传统交通工具。

**2. 品牌界定**

如果行业里已经有很多品牌出现,就需要在品类内部界定竞争对手。

1885年奔驰汽车创立,1917年宝马汽车创立,宝马作为后来者,就需要在行业内部界定竞争对手。

**第二步,研究竞争对手的强势。**

这是个难点,要在竞争对手的诸多优势、特性中抽丝剥茧,找出其最根本的强势特性,浓缩出一个特点,才算抓住了核心。

例如,奔驰S级汽车是它的灵魂产品,它卖的是"后排座椅"(尊贵),宝马5系卖的是"前排座椅"(驾驶),其他还有诸如路虎的"底盘"(越野)、丰田的"油箱"(经济)、捷豹的"外观"(设计)、法拉利的"变速箱"(速度)、沃尔沃的"气囊"(安全),至于我们的本土品牌,多数卖的是"便宜"(低价)。这些就是它们各自的定位,一旦找到它们的定位,再找它们固含的弱点就不难了。奔驰既然是卖后排座椅,前排必然就不是它的强项,宝马就找到了这个点,才会提出了"驾驶"这个定位。

换而言之,你要找到竞争对手品牌强势特性的反面,再对自我进行定位。才能避免被对手的强势反击击溃。当然,这样的定位也需要符合事实,因为产品没有事实,就谈不上消费者的认知。

**第三步,取舍和创新。**

德鲁克说:"一个企业的功能只有两项——创新和营销。"

所有的创新都开创了一个新的品类。没有新的品类承载品牌,创新就无法长久。但是，与竞争者对立定位，就一定要确保自己是新的品类的首选产品，这就要做到以下三点。

**第一点，要避免实力不足。**企业的资源、管理水平、现金流、广告投放等方面一定要有一个高的标准。

当一个企业进入一个很热门的行业时，一定要明白是哪个企业在引领并主导这个行业，如果你想取而代之，就一定要有付出更大代价的准备，否则很可能被反攻出局。比如，2005年12月"五谷道场"方便面在全国全面上市，虽然"非油炸"的定位明确直指对手，但是"非油炸"的成本也要高出数倍，尽管王中旺投资了18亿元，成功让五谷道场在全国卖断货，却遭遇康师傅和今麦郎在渠道上的挤压：一边是经销商不铺货，另一边是企业资金链断裂。到了负债6亿元时，五谷道场只得被卖给了中粮，后又以5000多万元负债易手克明面业，实在令人惋惜。

**第二点，要避免攻击对手的非战略性弱点。**

当年，加多宝刚刚推出凉茶，达利园旗下的"和其正"就开始跟进，达利园也是大集团公司，实力、资金都不缺，但顾客只认加多宝，于是"和其正"推出半年后销量平平，无奈又推出瓶装。于是就有了"清火气，和其正，瓶装更尽兴"。

和其正对中国凉茶品类的发展繁荣有重大贡献，因为如果没有它的跟进，在央视大量投放广告，加多宝就显得很孤单，整个凉茶行业就非常弱势，是无法与可乐竞争的。但和其正也有战略失误，即低估了对手。2012年加多宝商标被广药收回，和其正认为加多宝失去品牌将不堪一击，而广药也不可能擅长快消品行业。这时候和其正加大了广告投放，但没想到的是加多宝"换头手术"成功，王老吉也加大了广告投放，导致和其正被淹没在两股巨浪之下。

很快，加多宝也推出了瓶装，因为加多宝在防御王老吉收回罐装。王老吉也担心一旦官司失败，无法承担后果，也推出瓶装进行防御。于是2013年，虽然"和其正"已经有30亿规模，但销量却下滑了30%。

所以，当一个行业的第一、第二进行大战的时候，最先消失的一定是第三。正如非洲的一句谚语：大象打仗，蚂蚁遭殃。

**第三点，要避免暗示性攻击。暗示性攻击缺乏信任状，要利用公关事件攻击对手。**

暗示性攻击无效的案例屡见不鲜。比如，红牛进入中国后，娃哈哈推出启力。它的广告诉求可见定位失误：

"提神不伤身"，言外之意红牛伤身。启力的成分和红牛是相同的，同样的成分为什么启力就不伤身？启力的诉求没有可信度。

"七大营养出击，抗疲劳，增强免疫力"，塞入过多信息，违背消费者心智容量有限的规律。

"标本兼顾"，只有药物才用这种具有治疗暗示的词。

"不含防腐剂"，这种说法属于画蛇添足。

另一个典型例子是"风影"。当年，"去屑"两个字让联合利华和丝宝至少投入100亿元，企图一决雌雄。2000年，中国最大的日化公司丝宝集团推出一款风影洗发水，诉求是"去屑不伤发"，这是典型的暗示性攻击，言外之意海飞丝的"去屑"伤头发。但丝宝并没有拿出可信的证据来证明海飞丝伤头发，结果就是并没有威胁到海飞丝，2007年时风影基本退市。

既然暗示性攻击因为缺乏信任状非常容易导致失败，那么非暗示性攻击应该采用的，就是有强大证据支持的数据或事件。国际大品牌对此手法运用娴熟，常常通过媒体公关事件攻击对手，中国企业却相对不谙此道。2010年媒体曝光霸王洗发水含有致癌物，为什么恰恰在2010年才被发现，这不排除是国外竞争对手操纵的结果。

**第四步，经营整合。**

企业通过产品包装、颜色、渠道、客户群、资源等把定位的点用最短的时间、最快的速度，最深刻地植入到消费者的心智中，就是整个战略定位的过程。

总而言之，对立定位的目标是非常明确的，一定是抢占领导者已经拥有的位置，去颠覆领导者，让自己成为新的领导者，而不是跟随或模仿。

## 第三节　开创新品类

一个品类极度繁荣之后就会逐渐走向没落，被另一个品类所取代。开创新品类的背后，是品类必然分化的规律。一位法国物理学家曾说过："世界上的任何新物种都是旧成分的新组合。"每一种变化都可能诞生一个新的行业和新的品牌。

比如，当涡轮发动机技术已经发展到极致，很难有突破的时候，电动汽车出现了，从此特斯拉嵌入了人们的心智。再看诺基亚，它已然把传统手机做到了极致，直板、翻盖、侧滑等各种机型应有尽有，再难有更多的变化，然后采用多点触控技术的手机诞生了，传统键盘手机被迅速取代。

企业应该寻找到市场上的需求，再利用新产品的推出，打造出前所未有的品类阶梯。在开创新品类的过程中，需要注意以下三点。

**第一，命名新品类。**

任何新品类的诞生，都需要加以命名。对品类的命名，与对品牌命名的要求并不同，品类的名字不需要太新奇、花俏，而是要求通俗、容易理解，并具有通用性；同时，还应该尽可能借助市场上已经被消费者广泛认可的概念,将之作为必要依托。

例如,必胜客是主打"餐厅比萨"类品类而成名的品牌,但达美乐开创了"外卖比萨",既依托了传统比萨品类概念,又通俗易懂、便于传播;多年来,邮政是信件包裹品类的重要,乃至唯一的品牌,而顺丰则开创了"快递包裹"的新品类,同样在依托和传承老品类的基础上,完成了对新品类的命名和占据。

选择在老品类基础上推出新品类,实际上也是选定竞争对手。通过新老品类产品的反差定位,企业能够从老品类原有的忠实客户中,获得更多新品类的消费者,从而实现迅速成长。例如,豆奶实际上是基于牛奶产品进行创新后,推出的新品类,但豆奶企业通过包装、宣传、营销等多方面的接近,打入牛奶品牌传播主渠道,并取得了自己的立足之地。

**第二,确定原点人群。**

一个新品类最初的潜在用户,即原点人群由不同的消费群体组成,企业首先要确定的事情,是品牌应该聚焦于影响哪类人群,从而带动整个品类的启动、未来的发展。

根据产品情况不同,原点人群有可能是收入较高的社会群体,也有可能是产品技术、功能和使用的相关专业人士,或者是对其他消费群体有重要影响作用的意见领袖。

比如,Kappa来到中国以后,发现中国有很多人喜欢穿运动服带来的那种运动的感觉,而他们本身并不运动。所以Kappa的运动服都非常流行化,是人们可以在平时穿的服装。让这些人成为新品类的支持者,能够对其他消费群体产生带动与示范作用。

**第三,快速进化。**

在信息爆炸的时代,推出新品类可能意味着截然不同的结局,或者迅速成长，或者迅速死亡。为此，企业在打造新品类时，要利用多种渠道，组织最初的用户，进行充分讨论并分享体验，壮大品类的粉丝队伍。同时，还要针对评论内容，及时对产品的问题进行调整，保持市场对品牌讨论和分享的热度，才能带动其他传统品类的消费群体，加入尝试新品类的体验队伍，不断产生连锁效应。

## 第四节　关联定位

当一个品类里最好位置已经被先行者占领时，作为后来者的企业，能做的就是努力与品类领导者产生关联，让消费者在选择品牌时，联想到自己，成为"第二选择"。从心智角度看，关联定位不谋求创造新的事物或概念，而是去关联心智中已经存在的记忆，调整信息，建构新形象。

具体的关联定位方法有以下三种。

**第一种，对手强，自己弱，借势**，即企业利用不同方法，与品类中的第一发生联系，借助其势头进入消费者心智。

**比对**。将品牌名称和使用场景联系起来，进行横向对比，如"坐宝马""开奔驰"。

**依附**。承认自己跟随行业领先者，并突出自身特点。比如，美国的安飞士汽车租赁公司，品牌营销用语是"汽车租赁行业第二名"，使用的品牌宣传文案如下："我们在汽车租赁业只是第二名，不得不学会如何生存。在激烈的竞争中，我们很清楚第一名和第二名的区别。第一名的工作原则是'别做错事，别出错就行了'。第二名的工作原则是'做正确的事情，寻找新的出路，再接再厉'。第二条也是安飞士的信条。"

**类比**。将自身品牌和已有的领先者进行模仿、比较。比如，伊利大力推进牛奶品类，一度是行业的领军品牌，"青青大草原，自然好牛奶"。随后成立的蒙牛马上跟进，"内蒙古大草原上崛起了兴发集团、河套集团、伊利集团，还有蒙牛乳业。"

**第二种，"非××"关联法。**

在消费者心中，某种品类已经有了根深蒂固的领先品牌时，可以积极向消费者灌输你的产品与其有显著区别，比起说明自己是什么，这样的品牌营销法更有效果。

1968年，美国七喜汽水聘请特劳特为之做定位咨询。特劳特研究发现，当时位居美国饮料品牌前两位的产品分别是可口可乐和百事可乐，但他们都有着共同特点：含咖啡因。而市场调查显示，不少家长并不希望孩子喝含咖啡因的饮料。于是，特劳特最终将七喜品牌定位为"非可乐"饮料，七喜因此顺利跻身美国前三大饮料品牌。

不过，"非××"关联法的成功离不开以下重要前提。

**你的关联对象，必须是所处行业中清晰、成功的领导者。** 七喜作为"非可乐"能够成功，是因为在饮料行业中已经存在"可乐"这种清晰的领先者。这样，"非可乐"就能很好地引起客户的心智反应。如果行业内找不到类似级别的领导者形象，就不要轻易进行类似的关联定位。

广州曾经有家蛋糕企业，请广告公司进行新品牌策划。根据策划方案，他们按照关联定位方式，启动了"爱尚非蛋糕"品牌。为此，还投入上亿资金打通营销渠道，花费数千万来进行广告营销。但结果却是惨痛的失败，企业差点因为这件事而倒闭。

"爱尚非蛋糕"定位失败的原因，在于蛋糕行业并没有一个所谓的领导品牌，消费者心智中原本就没有充分强大的印象，打造"非蛋糕"也就难以形成心智关联。

新品牌不能仅以字面上的"非××"来突出差异。"非可乐"是真正不含咖啡因的饮料，代表着健康成分。而"非蛋糕"则有点匪夷所思，消费者难以联想到任何有益的功能或体验。

实际上，"非××"关联法并不必须采用字面上的对立，完全可以利用品牌宣传文案来表达这一内涵。

案例

### 东阿阿胶

东阿阿胶早期请了很多广告公司出谋划策，第一家公司的方案是诉求阿胶的好几个功效，但是并没有解决销售问题。后来胶原蛋白成为很热门的品类，这家公司又帮阿胶做了策划，推出"阿胶胶原蛋白"，非常有创意。但这种骑跨品类的方式仍然失败了，因为品类界定错了。另外，还有条信任状："杨贵妃喝的胶原蛋白"，可信吗？唐朝有没有胶原蛋白？

后来换了另一家公司，推出了"阿胶一碗润青春"，"润"会让人想到化妆品。

2005年东阿阿胶找到了特劳特中国公司，当时阿胶面临着三个困境。第一，老年人知道、年轻人不知道什么是阿胶，老龄化；第二，有钱人吃胶原蛋白，没钱的才吃阿胶，边缘化；第三，城市的年轻白领很少吃阿胶，农村的阿姨老太太才吃，农村化。阿胶品类越来越小，越来越弱。阿胶要想壮大必须要实现三个目标：第一，要让城市白领知道阿胶，要从边缘走向中心；第二，要让有钱人也吃阿胶，要从低端走向高端；第三，要将整个阿胶品类做大做强。

特劳特团队经过长达60天的调研，找到了阿胶的信任状。根据《神农本草经》《本草纲目》的记载，提炼出定位诉求：滋补三大宝，人参、鹿茸与阿胶。去掉了养颜、美容两个特性，专注诉求滋补。每个产品包装上都有定位诉求，让产品可以自己说话。

东阿阿胶的产品说明书也按照《本草纲目》珍本设计，另外其他一切可以宣传的地方也都有定位输出。

根据战略目标，阿胶要从农村走向城市，从低端走向高端。广告投放就应该在机场发力：第一，只有大城市才有机场；第二，机场高端人群集中。

2008年6月29日，中国私募基金大王赵丹阳以211万美元拍下与巴菲特共进午餐的机会。2009年6月24日两人共进午餐，赵丹阳送给巴菲特两件礼物，一件是茅台酒，一件是阿胶。巴菲特赞叹赵丹阳送的礼物很好，都是两个品类的领导者。

2005年东阿阿胶接触定位，2006年执行定位。2007年阿胶市场规模达到13亿元，2008年为16亿元，2009年为20亿元，2010年为24亿元，2011年为27亿元，2012年为30亿元，2013年为40亿元，2014年为42.5亿元。到了2017年，东阿阿胶的市值达到426亿元，全年净利润20亿元。2007~2014年，东阿阿胶连续提价13次，250g的价格从100多元到现在的998元；利润从2亿元到12亿元，翻了6倍；利润率从14.9%到30%，翻了2倍。

东阿阿胶的战略非常清晰，它作为行业领导者既要引领整个行业健康、持续的发展，更要让整个行业保持更大的利润空间。而且，阿胶品类正处于上升发展期，有很多跟进企业，如果领导者不主动提价，跟进的企业就没有利润空间，投入大于收入，就容易导致伪劣产品出现，反而对行业发展产生负面影响。

东阿阿胶通过主动提价，保留足够的利润空间，跟进的企业越多，阿胶的品类就越大，东阿阿胶就越强。

CHAPTER5

第五章

# 给出信任状

任何能够克服人们不安全感的战略,都是好战略。

——杰克·特劳特

在马斯洛的需求层次理论中,"安全"是人类最基本的生存需求,人们希望生活与工作是安全的,同样希望消费也是安全的。尤其当商业竞争越来越激烈、市场乱象层出不穷时,企业为了推销品牌,盲目采用夸大其词甚至谎言欺骗的方式,消费者对此充满警惕,每个人的心智在认知过程中,都会对企业所宣称的一切追求证明。此时,能够给予心智安全感的"信任状",就成为品牌对外沟通的要素。

## 第一节 制造方法

很多企业都面临着相同的问题,即开发人员投入大量时间开发出自认胜过市场同类的独特产品,但是营销人员却转向了广告、包装、促销这类营销工作,把开发的独特性搁置在了一旁。**让制造方法成为信任状,就是要找到被企业忽视的,在制造方法中强而有力的概念,对它进行包装,让它变得神奇、惹人注目或是充满创新。**

比如,索尼电视机的"特丽珑"显像管,虽然很少有消费者知道"特丽珑"到底是什么,但是主打这个概念的索尼电视,进入中国后仍然大受欢迎。

确实,消费者并不理解复杂的技术,但是他们愿意相信技术带来的可靠力量。与之相似的,是汽车厂家都说自己的车有 SEP 系统(雨雪天气防侧滑系统),普通消费者会知道技术的原理吗?不会,但他们认可这项技术,买车时他们会问,"你有没有 SEP 系统?"

"王品台塑牛排,源自台湾台塑集团王永庆先生私厨",这就是一条信任状。更为典型的信任状,是王品牛排的诉求"1 头牛仅供 6 客":一头牛身上只有 6 块这样的肉,让顾客相信自己吃到的不是一块牛排,而是一头牛身上最昂贵部位的 1/6。

"棒!约翰"创始人在创立该品牌之初曾找到特劳特先生请教,特劳特先生询问为什么要离开必胜客自己创办品牌,有什么独特优势?"棒!约翰"创始人总结了几点:第一,必胜客是全球连锁,用的小麦不可能是当年的新鲜小麦,但我却可以用当年新鲜小麦;第二,必胜客的面是中央统一配送的,不新鲜,但我可以现场和面;第三,必胜客是工厂化运营,用的是管道水,但我可以用纯净水。必胜客比萨的番茄是没有经过脱皮的,"棒!约翰"用的则是卡夫的脱皮番茄酱。特劳特经过分析之后给出了两句诉求"更好的馅料,更好的比萨"。"棒!约翰"坚持自己的做法及诉求几十年,获得成功。美国《华尔街日报》报道"谁说小矮人不能战胜巨头"。后来美国又崛起一家专门送外卖比萨的"达美乐",承诺在 5 公里范围内 25 分钟送达，否则免费。后来随着交通拥堵，事故频发，其不得不取消了这条承诺。

2010 年西贝莜面村做了咨询，得到一句诉求"90% 的原材料来自内蒙的乡野与草原"。这是一句非常棒的诉求，但是这意味着物流采购成本将极大增加，当西贝的店开到几十家的时候就难以实现了。后来，其诉求则改为"草原的牛羊肉，乡野的五谷杂粮"。

**选择一个与众不同的制作方法固然很重要，但是如果这是在承诺未来无法实现的事，那它就会变成一柄砍向品牌自身的"双刃剑"。**

厨邦酱油的广告："厨邦酱油天然鲜，晒足 180 天"。前一句是定位，后面的是信任状。在此之前，李锦记、海天、佳佳酱油都没有提出制造方法，都是靠销量、规模提升市场，作为后来者的厨邦，必须要有新的定位诉求形成差异化，才能获得市场。"老传统都很笨，酱油就靠太阳晒，晒足 180 天，厨邦酱油天然鲜"，两个外厂地址注明的是广东。需要注意的是，如果把厂家地址选在北京，那么"晒足 180 天"就失去可信度了。

我们还可以看一下白酒行业。白酒企业按照酿造工艺将产品分类为酱香型、浓香型、清香型、绵柔型等。但消费者却不是按香型来买酒的，消费者一般都是按价格消费。在"国八条"出台之前，所有的白酒价格都在追茅台；"国八条"出台之后，白酒市场受到巨大冲击，大量白酒滞销。比如，宣酒，账面只剩下几百万元，面临破产危机。于是，宣酒通过定位梳理，找到了白酒 100 多元这个价格空位，在这个价位段上，没有强势品牌，于是宣酒强力出击，占据了这个价格带——它立足工艺，推出信任状"小窖酿造更绵柔"，又将小窖酿造技术申请为安徽地区非物质文化遗产。直到 2014 年，宣酒销售额达到 15 亿元规模，信任状又加上了一条："连续 6 年安徽白酒畅销品牌"。

## 第二节 经　　典

中国历史悠久、文明源远流长，消费者更容易被带有经典性、传统性的产品成分或技术方法所打动。比如，王老吉的"1882年广州的王泽邦在道光年间开创了王老吉凉茶店……187年的传世秘方。"

需要指出一个误区，即有很多以"国"冠名的经典品牌，国酒、国宝、国粹等，但并不是任何企业都可以冠以"国"字，东北五大连池有一个矿泉水品牌被称为"国水"，但是人们大脑里没有"国水"这个概念，这显然是生搬硬套，不仅无益于品牌创建，还贻笑大方。

**所以，利用经典特性来打造信任状，需要考虑到事实因素，不能违背消费者所处的社会文化环境。**

什么情况下可以用"国"字？第一，你必须是所处行业的领导者；第二，你必须在中国处于垄断地位。比如，像茅台一样强大，像阿胶一样悠久。

阿胶有3000年的历史，600年的制造工艺传承。山东有两个县产阿胶，一个是平阴县，一个是东阿县。平阴县有个镇叫东阿镇，清朝年间，家家户户都会熬制阿胶，东阿镇的阿胶被慈禧亲笔赐名为"福"牌。但在1923年东阿县率先将东阿注册为商标，现在的东阿阿胶是东阿县的，而福牌是东阿镇的。前者在品牌名称上就直接体现出了对传统的继承，显然也更加获得市场的青睐。东阿阿胶最初运用关联定位，提出"滋补三大宝，人参、鹿茸与阿胶"。**信任状是企业护航系统的重要部分，但是随着竞争的加剧，信任状也要不断升级。**当东阿阿胶发展成为品类第一之后，又将定位调整为"滋补国宝，东阿阿胶"，信任状变成"国家非物质文化遗产企业""阿胶国家认定唯一的技艺传承人""阿胶标记认证企业"。

除了从时间因素上发现经典特性之外，还要从地理位置上寻找机会。想要用经典来获得心智对品牌的信任，企业从建立品牌之初，就应该围绕消费群体的心智地图、心智地理标志去开展行动。具体而言，要善于发现和了解对应消费群体是怎样认识地理环境同经典特性之间的联系的。

比如，美国以高科技、IT和飞机制造行业世界闻名，世界上最成熟的科技工业园区非硅谷莫属，所以想要打造高科技经典品牌，就必须设法和硅谷联系上。

同样，日本以电子与汽车出众；法国有浪漫时尚的传统，最出名的产品包括红酒、香水；德国则是严谨与古典的代表，出名的产品包括大型工业设备与啤酒、香肠；瑞士有手表、银行所代表的理性、传承；意大利有设计和服装所展示的热情、活力；英国有皇室、马球、赛车等心智标志；俄罗斯缺乏世界顶级品牌，但也有伏特加、鱼子酱……

类似这些，都是消费者心智中的地图。抓住他们内心的这份地图，让产品品牌与其对应的国家、地区联系在一起，消费者同样会回报以充分的信任感，比如在中国具有悠久历史的陶瓷和茶叶。

从汉代起，景德镇被称为"官窑"，唐朝和清朝是两个鼎盛时期。但遗憾的是，今天景德镇的官方网站却挂着这样一条消息"景德镇60%的产业不用再烧陶瓷"——这无异于弃宝贵的历史财富而不用，暴殄天物。于是，你会看到中国顶级的陶瓷来自台湾地区，景德镇却在到处搞瓷器大甩卖。

再看中国的茶叶，虽然规模在世界上第一，却没有形成全球品牌。

根据农业部的数据，我国茶树种植面积约占世界茶园面积的50%，居世界第一；2005年超过印度后，成为世界第一大茶生产国。但是自从1992年立顿进入中国，5年后就在中国百家商城系列调查中获得茶包销售额第一、市场占有率第一的成绩。2005年9月，联合利华还在中国安徽合肥投资5000万美元，建设了当时全球最大的茶叶生产厂家之一。曾有媒体报道，"中国约有 7 万家茶企，一年茶叶总产值约 300 亿元，而联合利华立顿一家茶加工企业的年产值就达 200 多亿元，可见中国 7 万家茶企不敌一家英国立顿。"这个报道虽然有些危言耸听，但是却让我们不得不承认一个事实：中国的茶叶品类处于一个"大品类，弱品牌"的商业阶段，尽管铁观音、龙井、普洱茶、大红袍、白茶、黑茶等品类都很知名，但没有一个清晰的领导品牌。唯一明确了定位的企业是张一元——"茉莉花茶领导品牌"。还有"大益普洱"现在也做得风生水起，而很多消费者不会喝，虽然买回了普洱茶饼，但放起来不喝。所以，它仍然有需要解决的问题，就是熊彼特曾说过的，"你发明了肥皂，就要教会人们怎么用肥皂洗澡"。

另外，在酒类领域，红酒和白酒的不同价位段，都有了数一数二的领导者品牌。值得期待的反而是黄酒，这是一个正在慢慢兴起的品类，在国人心智中，黄酒的地理位置在绍兴，所以对于想要打造黄酒的企业来说，要么让黄酒品牌诞生于绍兴，要么在绍兴收购一家有历史传承的企业，以占据"经典"。

## 第三节 专　　家

什么是专家？专家是在学术、技艺等方面有专门技能或专业知识的人，或是特别精通某一学科、某项技艺的有较高造诣的专业人士。

人们根据常识，通常会认为一个人不会在很多领域都具有专长，不论他实际上做得多么优秀，企业也一样，被认为不可能成为各方面的专家。

反而，企业专注于某个特定活动或某个特定产品，却能给人们留下深刻印象，人们会视这些企业为专家，并且想当然地认为，它们必定有更多知识和经验，哪怕这种估计超过了它们的实际水平。国内在实际操作层面中，新广告法对于"专家"一词也没有限制,为企业品牌宣传留下了充分的发挥余地。

方太厨电在采用定位战略之前,企业内部设立了小家电事业部,每年虽然有几亿元的营业额,但业务过多、资源分散,导致发展缓慢。经过定位战略梳理之后,企业砍掉了多余的业务,将西门子作为主要竞争对手,并聚焦于以油烟机为主的厨电领域。它们的品牌诉求是:"在中国卖得最好的油烟机,不是洋品牌,而是方太。方太,中国高端厨电专家与领导者。"

西门子最擅长的领域并非油烟机,它是一家多产品、多元化的公司。方太有的放矢地强调自己是油烟机的专家,才用专家形象获取了消费者的信任。

在使用"专家"来推出信任状时,要注意以下两点。

第一,寻找专长、建立专业形象。事实上,当方太壮大之后,为了对抗国内的老板、帅康等厨电企业,也在"厨电专家"后使用了"领导者"称谓。

产品功能专长,是实现品牌差异化战略的重要手段和资源。企业应该结合自身实际情况,为自己设计出某个专长领域,成为该领域的专家。企业必须确保消费者知道自己就是某方面的专家,而作为"专家"的最强大武器,就是成为品类的代名词。

第二,先用"专家",后用"领导者"。如果企业推出的是行业新品类,就不要贸然使用"领导者"这一称谓。而是应该利用"专家"品牌元素,取得消费者信任,建立良好信誉,扩大品类的市场规模,吸引更多竞争者加入该品类。

拥有更多追随者,才能成为更强大的领导者。

## 第四节 领导地位

特劳特说过:"领导地位是为品牌实施差异化的最强有力的方法,原因在于它是一种品牌确立信任状的最直接方法。"

需要注意的是,领导特性表现为不同形式,任何一种的有效使用,都能让你的品牌获得差异化的信任状。下面是一些不同形式的领导特性。

## 销量领先

领导品牌最常用的信任状内容,是向消费者揭示其产品卖得有多好。例如,每年销售出多少产品、占据市场多大份额,等等。另外,其他跟随的品牌也可以通过不同角度的计算,宣扬自己在销售上的领导地位。例如,林肯是最畅销的豪华车;克莱斯勒道奇是最畅销的微型厢式车;福特探索者则是最畅销的运动型多功能车……

2012年5月8日,王老吉商标被广药收回。6月28日加多宝开发布会,开始更换新名称、新包装。7月1日新广告登陆央视,7、8、9三个月,被收回品牌的加多宝不仅没有倒下,而且销售额逆势增长50%。2014年A.C.尼尔森调查公司的数据显示,中国凉茶大战让整个凉茶行业增长30%,加多宝占整个饮料市场6%的份额,占整个凉茶市场72.96%的份额。

随后,"中国每卖10罐凉茶,7罐加多宝"这句广告诉求顺势而出。随后,王老吉上诉,加多宝的这句广告词被禁止使用,于是改为"加多宝凉茶,中国销量遥遥领先"。

无论是前后哪个版本,这句广告诉求都体现出了加多宝在市场占有率上的巨大优势,并以此体现出的领导者特性,加深了信任状。此后,这句广告诉求被许多品牌模仿和套用。例如,老板大吸力油烟机的"中国每卖出10台大吸力油烟机,6台是老板";超威电动车电池的"中国每卖出10辆电动车,6辆用超威电池"。

对于消费者而言,市场占有率的精确数字,就是品牌领导地位最有力的证明，通过对领导特性的大力传播，能够让品牌更加长期稳定地占据消费者的心智。

## 技术领先

一些企业具有开发诸多革新性技术的悠久历史，其品牌可以用该方面的领导地位来获得信任感。比如，在美国辛辛那提有一家叫米拉克龙（Milacron）的机器制造商，是"制造技术全球领导者"之一，它拥有最全的塑料机械和切削工具技术。这种形式的领导地位非常有效，是因为人们认为这种公司会知道得更多，对这类开发新技术的公司也就记忆深刻。

另外，技术上的领导地位还有一个变种，即科学上的领导地位。比如，有些公司是其所处品类科学上的领导者，3M 是粘结科学的代表；爱德华生命科学公司是心脏瓣膜科学的代表。最典型的是特斯拉，当它从电动汽车过渡到无人驾驶、火箭发射、火星登录计划时，已然占据了航天领域的领导者地位，在一系列技术上它都获得了第一的声誉，这就等于拥有了一组强大的信任状。尽管产量有限导致销量规模不大，但是特斯拉这个品牌在普通人心智中已经成为高科技、前沿科学的代名词。

## 规模领先

人类倾向于将"大"等同于"强""优秀"和"成功"，同样，消费者对于规模、体量较大的企业或品牌，更容易产生以尊敬和赞美为代表的信任感。

比如，五得利集团一直在宣传自己的面粉生产规模。2014 年 12 月，五得利总部所在地邯郸市大名县，新建了一条日加工小麦 3000 吨的面粉生产线，修建堪称世界级的大型面粉加工单体车间，建筑面积达到 10 万平方米，日加工小麦能力达到 5250 吨，成为当时河北省境内日处理小麦能力第一的企业。到了 2018 年，又爆出五得利将在山东临沂再建 4000 吨单体面粉车间的消息，日产小麦量已经达到 42 250 吨。包装上的日产量不断增长，给消费者留下了深刻印象。

所以，企业如果已经在行业内有较大的生产规模，就能够用来帮助其在消费者心智中建立认知优势，获得品牌信任状。

## 第五节　热　销

**热销特性所强调的不仅是销量巨大，还有销售速度快、面积广而产生的"热门"感。**品牌一旦出现热销势头，企业就应该让全社会了解热销情况，并形成口碑，通过口碑效应影响并刺激更多潜在消费者成为自己的顾客。品牌被这样不断"炒热"，意味着销售的增长幅度领先于竞争对手，从而为准确地将你的品牌印刻在消费者心智中，并为既定定位提供强有力的信任状。

乔布斯是商业历史上最会营销的总裁，他利用热销特性完美地打造了苹果的信任状。每年 iPhone 发布前，苹果公司都会通过媒体提前泄露一些产品信息，吊足粉丝胃口，为随后的热销铺垫气氛；发布会本身安排力求完美，乔布斯亲临发布会现场，苛求每个细节，让新产品以最完美、最受瞩目的形式展示给全世界；在广阔地区打造热销场面，例如全世界都会有"黄牛"排队购买 iPhone，通过媒体的推波助澜，一切营销动作都传达了同一信息：iPhone 是何等热销！

几年后，中国出现了小米，它也模仿了这种方式，以限量抢购的方式制造"饥饿营销"。

"香飘飘"奶茶也成功运用了热销诉求，它们创造了非常著名的广告："香飘飘奶茶一年卖出三亿多杯，杯子连起来可绕地球一圈"。第二年就"两圈"，第三年"三圈"。

无论何种品牌，在初创时期，都不会有天然的优秀信任状，也不可能立刻成为领导者。此时更容易帮助其获得成功的，就是热销特性，而所有的热销也并非自然形成，都来源于企业内外力量的共同精心策划与多方面推动。

打造热销特性，可以利用以下四种方法。

第一，用品牌与竞争者的当下业绩做对比。

具体罗列出当下业绩的不同，如本年度、本月甚至今天本品牌取得了怎样的业绩，市场上其他品牌取得怎样的业绩。通过具体数字的比较，证明产品比其他产品更加畅销。

第二，用品牌与自身的历史业绩做对比。

以本年度、本月的业绩，与上一年度、上一月的同期历史业绩做对比。例如，销售量比去年增长了几个百分点，从而证明产品进入热销期。

第三，行业排名。

大部分行业都会有排名，尽管这种排名并不总是具有权威认证，但是如果企业能获得第一，那么无论如何都要大力宣传它，因为毕竟这是从一堆竞争对手中脱颖而出，对于消费者来说，这就是企业的成就，排名第一就意味着热销。

第四，挑选最热销的时间段，进行重点宣传。

例如，挑出每年度中销售量最高的几个月，投放大量广告，对品牌取得的业绩、占据的市场份额进行重点宣传，形成产品热销的良好印象。

诉求热销的精髓是，一旦有一天你登上了山顶，就要插上你的红旗，然后摇旗呐喊，告诉全世界你在山顶上。

## 第六节　最受青睐

在很多情况下，消费者并不清楚自己想要什么。根据心理学的"羊群定律"，绝大多数客户就像跟随着羊群行动的羊，他们会追随大多数别人所喜爱的产品品牌，做出自己的购买决定。

**利用"最受青睐"特性来打造信任状，就是为消费者提供"别人认为什么才是好"的信息。**

2007年，西班牙的"贝蒂斯"橄榄油被中国企业代理并在国内销售。之后，该企业在央视投放广告"西班牙皇家用油，中国上市"。不到3年销售额突破2亿元。

其实，在很长时间内，人们都认为橄榄油是意大利特产。但西班牙才是世界上橄榄油产量最大的国家，占据了全球43%的产量。为了摆脱不利局面，西班牙企业请了特劳特先生做定位咨询，特劳特经过梳理，创造了西班牙国家的橄榄油品牌故事："2000年前，罗马人就是我们最大的客户。现在依然如此。"而当产品在中国进行推广时，又利用消费者对皇室的青睐形成信任状。这一案例说明，受青睐特性能够很好地改变心智对品牌的认可度。

在受青睐特性的传播过程中，需要注意以下三个方面：

**第一，强调青睐者的独特身份。**

向消费群体宣传产品粉丝的独特身份。例如，"会稽山"黄酒的品牌诉求"绍兴人爱喝的绍兴黄酒"，黄酒本身是绍兴特产，绍兴人作为青睐者，其独特身份必然会获得全社会的认可。

在品牌宣传中，将青睐者的籍贯、学历、年龄等作为标签，与品牌形成挂钩。这样，消费者就会由于对标签的认可，而被青睐特性所打动。

**第二，强调受青睐的时间和空间范围。**

如果不强调产品受青睐的广阔性，就无从凸显青睐特性的价值。企业应重点宣传产品受青睐的时间和空间范围，例如"数百年历史""整个华南地区"等，从而引起消费者的注意。

**第三，强调受青睐的原因。**

产品受到广泛青睐，必然有其原因。在品牌宣传中，要强调产品受青睐的原因，例如技术先进、价格低廉、风险性低，等等。这样，消费者会在理性中承认青睐的价值，并由此产生高信任度。

## 第七节 第三方证明

利用第三方证明所产生的权威感，同样能够在消费群体心智内积累有效的信任度。

下面是为品牌形成第三方证明的有效途径。

**第一，赞助相关知名活动。**

通过赞助产品主流消费群体所关注的相关知名活动，让他们记住，并充分信任你的品牌。需要注意的是，在选择具体活动时，要做到独家冠名，从而屏蔽其他品牌的参与，否则就应选择不参与。

例如，2012年加多宝投入6800万元独家冠名《中国好声音》，2013年投入2亿元继续独家冠名。这是因为只有独家冠名才能被受众记住，而其他品牌则必须被屏蔽其外。

**第二，获得奖项。**

让品牌成为××比赛、××活动的唯一获奖者或指定品牌，通过展示类似成绩，进入消费者心智。

**第三，公布证书、文件或记录等。**

公布产品所获得的权威证书，包括行业标准，行业协会或检测机构、职能部门、公益组织所颁发的证书或文件，从而让消费者承认品牌价值，并形成信任。

例如，西贝莜面村在确定战略定位后，运用公关力量推动品牌，包括"西贝莜面村，走进联合国"等。又如，格力空调每年都争取政府奖项，在各类空调评比中获奖，这就是对其"掌握核心科技"定位的不断证明。

CHAPTER6

第六章

# 聚焦经营

在定位经典著作《22条商规》中有两条与"聚焦"有关：

聚焦定律：市场营销的要点就是聚焦，收缩经营范围将使你强大，追逐所有目标将使你一事无成。

延伸定律：多便是少，产品越多，市场越大，阵线越长，赚的钱反而越少。

聚焦如此重要，很多企业家也深谙此道，但是在实际中却常常很难实现，问题何在？几十年前，中国市场存在着巨大的机遇，于是很多企业在创业之初，常常四处撒网，于是业务遍地开花。当企业初具规模的时候，已经形成了多个生产链条，对于企业家来说，当然知道应该集中精力选择一两个发展，但不知道的是，该放弃哪个、留下哪个？本章所讨论的，就是五个不同的实施"聚焦"的方法，以及将聚焦的理念贯穿企业各个层面的"配称"。

## 第一节　聚焦品类经营

优秀品牌的最大价值，在于能够代表甚至主导某一个品类。尤其是那些开创新品类的品牌，其成长或衰退，就意味着整个品类的成长或衰退。因此，如果企业是品类的领导者，品牌定位的使命首先就是去繁荣品类，而不是做强品牌，当品类通过聚焦获得提升，品牌自身的机会才会越来越大。

2000年，当创始人舒尔茨离开星巴克董事会之后，该品牌面临着业绩需要持续增长的压力。星巴克开始大力拓展早餐、食品甚至毛绒玩具等周边业务。结果在短暂的增长之后，业绩反而迅速下滑，有不少客户评论说，店里浓郁的奶酪味道，超过了咖啡的香气。2007年，舒尔茨重新回到董事会。他提出的第一条改革举措，就是聚焦于咖啡品类，"成为无可争议的咖啡权威"。2008年2月26日周二下午五点半，在营业晚高峰即将到来之前，星巴克在美国的7100家直营店同时停业，为一线员工提供意式浓缩咖啡培训，并以这次损失超过600万美元的停业，宣布星巴克聚焦咖啡经营的意志与决心。

此后，星巴克正式重新回归到聚焦咖啡品类经营的道路上，其品牌价值得到有力捍卫。

**所以，企业不能低估现有品类的增长潜力，更不应高估新兴品类的未来前景。**

想更好地定位品牌，就要深入挖掘现有品类的潜力，找到之前忽视的动力因素，乘胜追击自身核心业务的优势，从而扬长避短，实现最具有价值的竞争力。

丢掉已有的定位，失去已有的认知，让很多品牌成为明日黄花。比如曾经的空调业领军企业春兰集团，春兰在1994年成为中国第一个上市的空调企业，当年的营业额是53亿元，春兰董事长陶建幸在央视录了一期节目，招聘本科应届毕业生，豪言壮语地表示，只要被春兰录用，从找对象到结婚、生孩子，孩子从幼儿园读到大学，所有的费用春兰全包了。随后的 1995～1998 年，春兰的股价就达到了每股 64.3 元。可惜，春兰并没有把握住趋势，集团为了实现在 2000 年营业额突破 200 亿元，实现更高的利润，选择进入了新的领域：摩托车、汽车、空气压缩机、液晶电视。到了 2000 年，春兰实现营业额 185 亿元，但利润率在逐年下滑。到 2005 年，多元化恶果开始出现，2007 年春兰的股价跌至每股 4 元，2008 年一度处于退市的边缘，2009 年国家拨款才让春兰恢复上市。2011 年，春兰的寒冬彻底到了，一共 12 位高管集体离职。《第一财经》记者方硕写了篇文章"春兰的春天在哪里"。

所以，企业聚焦品类经营，也包括要对亏损的品类进行及时止损，砍掉那些利润差同时又无法匹配重点品类的项目，以便帮助企业在核心品类上获得成功。

如今，格力代替春兰，占据了空调行业的第一名，但是董明珠的光环，也建立在春兰已有的基础上——春兰在上一个十年中，已经在消费者心智中为空调品类开辟了一片天地，只是被自己的错误所耽误，才给了格力抢占位置的机会。遗憾的是，格力现在也开始推出手机、汽车，难保不会步春兰的后尘。

## 第二节　打造代表品项

打造一款产品，让产品的大小、形状、颜色组合，形成鲜明而独特的形象。这就是品牌的代表品项。只有让某个代表品项能迅速进入消费者心智，形成"印刻"，才能完成企业的资源聚焦。反之，如果某个品牌对应的产品过多，客户就会难以生成明确印象。

尤其当企业初创时，更需要集中资源在某个代表品项上打造品牌。如果有过多的产品形态，既会分散品牌传播，也会增加管理、生产、营销等各项成本。一旦营销不力，造成产品积压就会恶性循环。

在打造代表品项时，要注意以下原则：

**第一，避免重复。**

不要使用竞争对手的品项，作为自己的代表品项。在同一品类中，不同品牌的代表品项应该是不同的（起码在视觉上），这样才能形成良好的区分度。

例如，加多宝在品牌推出同时，就强调其继承原王老吉"红罐凉茶"的代表品项，并形成强大的心智印象。而王老吉被广药收回后并未意识到这一点，即便后期又推出红罐包装，也因为重复而无法成为独立的代表品项。

**第二，联系实用。**

代表品项的视觉效果，并非随意为之，而是要联系到产品真实的实用功能。例如，饮料产品应该根据其配方、功能、口味等，决定包装的大小。红牛在中国市场的代表品项，采用250毫升包装，这是由其功能饮料本身的特点所决定的，因为包装太大会使得消费者饮用后过度兴奋。采用小包装作为代表品项，反而能让消费者将之和产品功能联系起来。

**第三，适当时间增加品项。**

脉动在刚推出品牌时，只有一款产品作为其代表品项。在实现100亿元以上的产品规模时，才开始增加其他品项。

同样，每个品牌在其初期，都应尽量只使用一款产品作为代表。当进入品类顶端阶梯后，再发展出更多类似品项，将代表品项对心智的影响力加以放大，防御对手有可能发起的侧面进攻。

## 第三节　界定原点人群

许多企业在推广品牌时,并没有刻意选择原点人群。相反,他们通常在某个区域市场或者细分人群中,实施大规模、立体式甚至闪电式的普遍营销轰炸,期望在尽可能短的时间内,打造出尽可能高的销售额。

然而,在定位理论中,对原点人群进行有效选择才能确保企业集中资源。选择正确的原点人群,能够让企业在推广品类、品牌中所积累的能量,去带动其他人群的消费愿望。同时,还能创造出消费趋势,避免短期热销、随后滞销的现象。最后,选择正确的原点人群,也可以大为节省营销成本。

正因如此,王老吉一开始就确定商业餐饮客户群,尤其是经常吃火锅、煎炸、热辣食品的人群。首先获得了他们的认可,就能够取得信任状,证明凉茶确实有去火的功效。

当然,在移动互联网变革之下,许多传统行业受到形势影响而改变。从某种程度上来看,互联网人群营销所需花费的成本有所降低,但品牌聚焦依然需要首先界定原点人群。这是因为在看似存在边界的互联网空间中,人群也会因为种种属性不同,而形成自然区分。例如,赶集网和58同城聚焦的人群并不相同;使用支付宝和微信支付的人群也有所不同;习惯用微信聊天还是用QQ聊天,也代表着不同的心智特征,等等。

## 第四节　聚焦市场开发

聚焦市场开发,是品牌聚焦手段的重要组成部分。对市场的聚焦,可以分为以下两种类型。

## 聚焦区域

根据企业的资源、实力、品牌形象、市场认知的特点，选择聚焦一个区域。这需要企业将主要资源集中在一个区域内进行品牌打造，在该区域内做强、做透。这种方法所取得的效果，比将资源分散到多个区域的效果要强得多。尤其对于创业型公司而言，更应该先评估自身资源特点，再界定区域。

王老吉始发市场是广东，当其走向全国时，首先扩展的市场是浙江，然后推进到东南沿海一带，之后再逐步向北部和内陆地区延伸。在不同地域市场的推进上，王老吉严格把握了"先中心城市，后周边城市"的原则。

## 聚焦渠道

不同产品品牌有不同的主要传播渠道。例如，快消品行业如果想要迅速建立品牌认知，就要聚焦在商超渠道；而果汁、饮品行业，则可以聚焦在餐饮店渠道。类似小米这样的智能硬件设备，其主要传播渠道则位于互联网，而小米也的确通过互联网营销获得了最初的巨大成功。

当企业选择聚焦渠道时，无疑应该首先分析产品类型，包括品牌具体属于何种品类，与何种渠道最为匹配，并由此做全盘考量。

## 第五节　聚焦传播

不仅传播渠道需要集中，内容也同样忌讳分散。在概念、媒介和内容上，品牌应有效实现聚焦。以投放实体广告为例，这是品牌传播过程中需要科学、严谨态度的工作，尤其初创企业更需要将每一分钱用在最正确的地方，从而通过聚焦来实现传播优势。

北京味多美面包房，曾买断西单地铁站内一年所有的广告位，这让所有出入过该地铁站的人群，都对品牌产生了强烈印象。这是在传播渠道上，将聚焦传播做到了极致。

舒肤佳1992年进入中国市场，十余年来，他们投放的每一个广告只反复聚焦传播了一个信息：除菌。虽然广告版本不断更换，广告语也多次调整，但"除菌"的声音始终未变。最终，舒肤佳成为香皂市场的霸主。这是在传播内容上成功实现了聚焦。

企业应该结合品牌自身情况，在聚焦传播过程中考虑以下三个问题。

**第一，选择有影响力的媒体。**

居于领导地位的强势媒体，总是具有较强的影响力和较好的说服力。因此，选择强势媒体，很容易产生事半功倍的效果。如果企业精力分散，表面上看，虽然投入成本并不多，同时又获得了大量出场次数，但实际上，企业很快会发现，消费者每次的目光都集中在舞台中央，而忽视其他品牌。

**第二，品牌核心价值与传播媒介相匹配。**

品牌核心价值与传播媒介越匹配，传播聚焦效果越好。一旦两者匹配，就能大大增强受众对信息的感知、体验，产生积极联想，并降低受众的抵触心理。例如，功能饮料出现在体育节目前后，书籍广告刊登在杂志媒体上，化妆品广告出现在网站女性生活板块中，有故事剧情的广告出现在网络视频节目中等，都能产生很好的聚焦效果。

**第三，聚焦投放。**

品牌广告投放量不足，实际上是一种成本的浪费。就如同一个人只愿意购买半张机票,永远也无法到达目的地。实际上,一旦选定了推广媒介和内容,就要充分投入,保证聚焦心智的效果。

在品牌初创的 10 年中,雅客糖果曾经陆续投放了不少广告,包括在一些地方卫视上投放广告,但效果并不明显。2003 年,该企业将全年近 3000 万元的广告费用一次性投入到中央电视台两个月的黄金时段播出。8 月 26 日,极富感染力的电视广告《雅客跑步篇》在央视黄金时段播出,周迅以其青春、健康、向上的形象,恰如其分地诠释了该企业产品品牌形象,并很快引起市场效应。到 2003 年年底,在短短 4 个月时间内,雅客 V9 的销售额达到 3.5 亿元,并带动其他品种销量增长了 500%。

事实说明,消费者的心智容易流失。即便用少量广告投入启动市场,还需要按照市场规律,继续聚焦广告投放量,从而维持消费者对品牌的正面记忆。

## 第六节　构建战略配称

迈克尔·波特是美国哈佛大学终身荣誉教授,也是商业战略之父。他就指出,"定位取舍在竞争中非常普遍,一个可持续的战略定位,需要有明确的取舍,对战略也至关重要。它不仅要求企业必须做出选择,而且还有意识地限制了一家企业提供的产品和服务。它会阻挡那些重新定位者和折中者,因为想通过这两种方式展开竞争的公司,会破坏自己的战略,并降低现有运营活动所创造的价值。"

所以,真正的战略是以定位为核心,对运营活动进行取舍,从而建立独特的配称。

企业依据既定定位,构建战略配称,将有利于企业获得独特而可持续的竞争优势，并确保难以被整体复制。品类中的后进模仿者，多数将沦为跟随者的角色，很难掀起更大的波澜。

战略配称有三个层面，彼此间并不排斥。第一个层面的配称，是指每项运营活动（或各个业务部门）与公司整体战略之间的简单一致；第二个层面的配称，是指各项运营活动的相互加强；第三个层面的配称，则超越了各项活动的彼此强化，被波特称为"投入最优化"。在三个层面的配称中，整体活动比任何单项活动都更为重要。

比如，美国西南航空曾经只是一家小型航空公司，在头等舱、商务舱的服务商中，难以和大公司竞争。特劳特为该公司制定的定位是"单一舱级的短途飞行"，并围绕这一定位构建战略配称。

在构建过程中，特劳特帮助西南航空回答了下面的战略方向问题。

第一，客运还是货运？只做客运。

第二，飞商务航线还是独家航线？飞商务航线。

第三，飞国际航线还是国内航线？飞国内航线。

第四，提供头等舱、商务舱还是经济舱？只提供经济舱。

第五，是否采用同一机型？全部采用波音737机型，飞机维护、飞行员培养等方面的成本都将极大降低。

第六，谁是竞争对手？将大巴车、火车作为竞争对手，目标客户与大巴车、火车一致。

第七，运营方式如何简化？不供餐，短途飞行不需要用餐；不托运行李；不指定座位，不对号入座；鼓励自主买票，不需要机票代理。客户可以先过安检，再决定目的地。

第八，品牌推广渠道？推广场所是长途客运站和火车站。

美国西南航空的定位成果：

（1）西南航空经过定位以后，是美国唯一一家连续45年保持盈利的公司。

（2）1973年以来，西南航空是连续盈利时间最长的航空公司。

（3）2000年"9·11"事件发生后，西南航空是美国唯一一家没有享受政府补贴而仍然盈利的公司。

（4）西南航空一家的市值是美国其他前三大航空公司市值的总和。

CHAPTER7

第七章

# 四种战略模型

商业战略应从市场底层的泥泞中发展出来，而不是在象牙塔的无菌室臆想。那些远离战场、脱离实际的将军，和会议室里的某些首席执行官（CEO）是一丘之貉。

——杰克·特劳特、艾·里斯，《商战》

一个伟大的战略，也许让人敬畏、有灵感、有魄力，但是如果不能把兵力在适当的时间、地点投入战斗中，完成相应的战术任务，那么这种战略终归是失败的。所以，战略资源要服务于战术目标的达成，当企业观察市场格局时，可以将同一品类消费群体的心智看作战场上的制高点。采用何种战略形式，也源于企业在市场竞争格局中处于怎样的位置。在不同的战场格局中，地位和实力各自不同的参战企业，都需要找准自己的实战模型，并遵循其中的原则来参与竞争。

一般而言，如果企业位于行业第一名，就应该选择防御战；企业位于行业第二名，就应该选择进攻战；企业位于行业第三名，就应该找准对手的薄弱处，实行侧翼战；如果企业规模中小，在行业内排名居中甚至靠后，就要选择游击战。

但是，无论采用何种作战方式，企业都应该以集中兵力为重要原则。在进入战场之前，企业领导者必须准确计算自身资源，预先判断是否能够投入并支撑到完全达成预定的市场目标，绝不能在不清楚自身实力的情况下，随意挑起战事。

## 第一节 游击战

在任意一个行业中，领导者总是少数，大多数企业都是跟随者，甚至很多企业并不清楚自己的定位，战略配称、利益点、信任状也都没有建立起来。这个时候，战略尚未建立，战术层面就很难有太大的发挥空间。天图资本的冯卫东也曾感慨，这个时候"要避免大干快上，这个阶段最重要的成果不是有多少销售额，而是认知成果。通过逐渐的测试优化，企业开始知道什么事情可以干、什么不可以干、什么是有效的。只有经营者亲临第一线，才能真正把握市场需求，重要的是做公关而非广告。"

这个阶段要多采用"游击战"，它是企业在远离领先者的市场阵地上发起的战斗，其目标在于寻找有利机会、获得优势资源。在游击战成功之后，企业还要考虑自身资源和成长环境，再决定是否将战术升级为侧翼战。

### 采用游击战的原则

**1. 要找到自身根据地**

一个企业想要利用新的产品、策略去进入新市场进行游击战，就要先确保自己有一块基本的根据地，保证企业最基本的生存。

### 2. 应该有充分合理的运营架构

以游击战模式进行竞争，要求企业架构不能过于庞杂臃肿，而要保证合理的运营架构。例如，企业内的每个人都应该能随时随地承担一线业务员角色，老板则是最高级别的业务员，而不能像大企业那样设置过多部门、岗位和职务；否则，就有可能因为内部消耗而降低游击战的效率。

### 3. 企业应随时准备撤退

当小企业开展游击战时，不应过快过多投入资源，而是要先付出少部分资源去测试市场环境。如果发现能取得一定成效，就继续进行投入，反之则应该迅速撤退，避免陷入苦战而损失更多。

## 游击战的方法

### 1. 区域游击战

许多中小企业完全可以专注于自身力所能及的区域，例如某个省、某个市或者某个渠道，甚至是更小的地盘。在有限范围内，不断进行攻击，争夺市场。

### 2. 特定群体游击战

游击战中，中小企业可以就一个品牌对应一种产品的策略，推出针对特定群体的营销方案。当品类领先者改变战略，将主要力量进军到该特定群体时，中小企业应该根据实际市场占有情况和自身实力，进行适时调整或转移。

### 3. 行业游击战

可以针对某个行业突出的问题或现象，推出产品或服务，展开游击战。行业游击战成功的关键是"窄而深"，绝不能出现"广而浅"的问题。即便在某一个行业中进行游击战取得了成果，企业也不应该贸然将其品牌系统扩展到其他行业中，否则就有可能陷入困境。

### 4. 产品游击战

游击战企业通过将资源集中到单一产品上，在某个小市场盈利，可以有效地避免同大企业的正面冲突。通过在最细分产品上的营销，可降低对大企业形成的威胁感，它们的利润情况也不会对大企业形成威胁感，从而保证自身的安全。

### 5. 高价位游击战

利用高品质、高价位的产品进行游击战，可以营造出品牌的衍生价值，进而打造出神秘性并吸引消费群体，从而引发购买需求。实际上，在小企业的销售体系中，适当选择高价位战术，能够创造充分的机会去占领游击战阵地。而中小企业需要做的也不仅是定下高价，而是要赋予产品新的特色，使其物有所值。

### 6. 建立同盟

在许多行业中，游击公司发展同盟是相当常见的策略。例如，采用特许经营、连锁网络的方式，但所有权和控制权均属于下级企业等。企业有必要从类似策略出发进行思考，并观察不同的竞争对手，积极发现其中哪些对象是有可能结成游击联盟的，从而在合作的基础上实施充分的自我保护。

游击战失败的可能性很高，对于企业来说，重要的是先要看清自己，成功只是偶然降临，但就是这一两次成功，反而更加值得注意和研究。所以企业要有试错意识，尝试游击战，也要做好随时转型的准备。

**案例**

### 漓泉啤酒

广西的一个啤酒品牌"漓泉啤酒"，创办于 1987 年，2014 年产能为 60 万吨。2002 年，该企业产能达到 40 万吨，进入中国啤酒前十强。此时，"雪花"啤酒以黑马姿态推出营销上的新规则，一路抢占市场。当雪花啤酒进攻广西市场时，漓泉啤酒开展防御策略，共分为以下三个方面：

（1）严防死守。每个区域经理必须守住各自阵地。

（2）封杀竞争。买断每个销售终端。

（3）错位经营。一旦雪花啤酒进入某一家商店，马上买断旁边的店，形成围攻。

雪花受到阻击以后，开启"买一赠一"模式，经销商纷纷倒戈，投向雪花。

对此，漓泉啤酒推出以一箱自己的产品，换回一箱雪花啤酒的活动，这样两者在市场上的占有率就是 2∶1。随后，他们更将换回来的一火车皮雪花啤酒，以半价投入到武汉市场，一举扰乱了雪花啤酒在当地的市场价格，导致雪花啤酒在武汉市场的崩溃。由于担心漓泉啤酒的四面游击战，雪花啤酒只好退出广西市场。

面对强势品牌，漓泉啤酒并没有固守一地，而是主动将战火燃烧到对方没有想到的地区，赢得了游击战的胜利。

## 第二节 侧翼战

侧翼战，是找到领先者未能发现的空白地带进行偷袭，比起其他战略模式，侧翼战更需要掌握作战原则，并随时预见战局发展态势加以调整。只有企业成为游击战的赢家，脱离了最初的创业迷茫期，找到了自己的定位，并且形成了相对稳定的团队、资金流、供应链等，才有资格考虑如何打响侧翼战。

比如戴尔电脑的崛起，与其侧翼战的成功有密切关系。

戴尔创立于1987年。作为后起之秀，戴尔发现依靠传统的品牌定位策略，不可能战胜IBM。于是，该企业专门组建了电话营销中心，通过电话直接进行营销。此外，戴尔还提供为客户上门组装电脑的服务。由此，戴尔开创了全球直销电脑的品类，在IBM未能注意到的空白领域，一举获得成功。

1992年，戴尔入选《财富》500强企业。2005年，戴尔市值为1000亿美元，相当于当时惠普和苹果两家公司的总和。

此后，苹果利用科技技术的创新，同时配以高价，对诺基亚完成了成功的侧翼战。2010年，小米则利用1999元的智能手机，以低价在中国市场对苹果手机完成侧翼战。

这说明，**任何侧翼战的成功，都离不开对竞争对手的优势中固含的弱点的分析**。如果对手以高价取胜，侧翼战就要围绕低价战场展开；如果对手以低价著称，侧翼战就要从高价阵地爆发。企业如果贸然在中间地带进行侧翼战，就很容易陷入泥潭而进退不得。

同时，侧翼战除了要有准确的定位和定价战略，还要有超常的战术速度，形成奇袭效应，令对手猝不及防。

## 侧翼战三大原则

### 1. 侧翼战要在无人地带进行

中小企业或创新企业，必须要第一个找到无人地带来准备侧翼战。这需要领导者具备独特的眼光和充分的远见。必须注意，在成功的侧翼进攻中，你所推出的产品、品类并没有之前领先者所开创的市场，甚至无从进行调查。而企业所能做的，就是观察传统品类或行业的领先者，找到遗漏的市场无人地带。

### 2. 打造战术奇袭

从本质上而言，侧翼战的成功就是奇袭的成功。侧翼战之所以与进攻战、防御战不同，原因在于后者的进攻方向和定位特征是明显暴露的，无法加以隐藏。而侧翼战必须要出其不意，越是能够让对方无法预料，所获得的空白时间就越长。因此，在准备侧翼战的过程中，企业既要精心准备，又要全面保密，并将侧翼作战计划的日程安排得更加紧凑，以期形成连续进攻的压力感。

### 3. 将追击与进攻手段加以结合

在侧翼战展开之后，企业必须要及时进行地位的巩固。例如，当品牌在侧翼站住脚跟后，必须要及时进行广告营销，利用宝贵的时间，让品牌在消费者心智中占据一席之地。如果浪费了最宝贵的机会，领先者很可能迅速清醒，并伺机反击，导致侧翼战前期成果的丧失。

需要注意的是，侧翼战强调的是抢先占有新品类市场，并继续升级新产品，从而形成稳定阵地，最终进一步蚕食乃至瓦解领先者的市场。同时，侧翼战有一定的冒险性，有可能获得胜利，但也有可能遭遇惨败。

## 打击行业无人地带的方法

### 1. 小型产品进攻

通过改变领先者产品的形状、包装大小来吸引消费者，以更加方便的使用方法和更好的体验，赢得边缘市场。

## 2. 大型产品进攻

找到用户消费需求的空白地带，提供更大体积、包装的产品，利用产品大小的差异，突出自身产品的优点。

## 3. 新型产品样式或功能

提供更加适用的产品样式或功能，抓住领先者商品的不足加以改进。例如，综合了不同口味的饮品、不同功能的家具，等等。

## 4. 攻其不备型服务

这是利用领先者尚未重视的服务环节，赢得潜在客户和市场的侧翼进攻方法。例如，销售同样品类的产品，但通过提高售后服务的主动性来赢得侧翼战。

## 5. 低价奇袭型

在产品品质基本同等的情况下，减少渠道、营销等环节的成本，从而确保能以优惠价格，有效抢占价格敏感消费群体的市场阵地。

## 6. 高价进攻型

抓住对产品质量有提高期待的消费者群体，利用其"高价等于优秀"的心理，在领先者尚未开发的价格区间进行超常规定价，从而使产品突出于整个品类之上。

## 7. 分销包围型

可以采用在广阔区域范围内，大量开设专卖渠道的方法，利用领先者未能足够下沉到的营销空间，形成侧翼战。

无论采用何种形式的侧翼战，企业领导者都不能缺乏勇气、优柔寡断。事实证明，谁能够拥有更准确的观察力、更广阔的想象力、更坚决的决策力，谁才能有机会从领先者手中抢过成功的果实。

## 第三节　进攻战

进攻战通常由行业内第二名的企业，或者是有实力的闯入者发起，能够对第一名产生直接的竞争威胁。通过进攻战，第二名有可能顺利挤占第一名原有的市场份额，动摇其领先地位。不过，进攻战本身也有必然的风险，一旦失败，有可能造成企业原有位置不保。

比如创始人被戏称"三太子"的五谷道场，虽然品牌定位是正确的，但它的进攻战输在了盲目扩大战场，因现金流不足而陷入失败。如果它选择将进攻集中在某个区域、控制规模，就不至于一败涂地。另外，进攻战常常会遭遇第一名用渠道作为压力，五谷道场也正是被康师傅和今麦郎的渠道反击所牵制。

值得借鉴的，是美国本杰瑞冰淇淋和哈根达斯的过招。当时，本杰瑞快速扩张，哈根达斯发现了它的威胁，于是逼迫零售终端选边站，"要是打算卖本杰瑞，就别卖哈根达斯"。本杰瑞被逼到绝境，却也不是个善茬，它决定在市场上发起公关战役，给粉丝发T恤衫，上面写着"面团男在害怕什么？"这就让这场商业界的战役，被娱乐化地公诸媒体——《纽约日报》对此的报道吸引了全民的关注。

本杰瑞顺势而为，继续鼓励它的粉丝给美国最高法院、商务部，写信、打电话。导致这场公关战愈演愈烈，最后哈根达斯不得不妥协，结束了二选一的禁令。哈根达斯的管理层恐怕无论如何也想不到，通过这次战役，原本威胁不大的对手，知名度反而大大提高了，行业第一的强势反击，竟然成了送给对手的有效助攻，让本杰瑞当年的收入增长了 2.5 倍，第二年继续翻倍。

**所以，虽然是进攻战，但并不是必须硬碰硬，显示弱势或是柔术进攻，同样可能获得成功。**

另一个例子是阿根廷的艾酷矿泉水。当时，维拉乔维森矿泉水是行业领导品牌，虽然两个品牌的水来自一座山的两侧，但前者占领了消费者心智，而后者陷于被动。特劳特先生经过调研发现，相比维拉乔维森的产品，艾酷水中的钠含量很低，于是他将之冠以"低钠水"标签，并请来美国心脏病学会，出具了对艾酷有利的信任状："饮用水的钠含量不应超过每升 20 毫克，建议人体每日钠摄入量为 1000～3000 毫克。"接下来，特劳特讲述了很棒的品牌故事："在海拔 5000 米以上的地球最纯净之处，艾酷诞生了，它由山上自积雪渗透岩石，自然汇聚而成，但大自然会添加过多的钠，而艾酷选择在钠含量最低的地点装瓶。"

由于做了充分准备，寻找到第一名致命的薄弱环节，艾酷赢得了进攻战的胜利。

截然相反的案例说明，除了在进攻之前囤积足够充分的"兵力"，企业还要注意以下三个原则。

**第一，对领先者位置的综合观察。**

身为进攻者，企业要考虑的不是自己产品的优势，而是领先者凭借何种因素在消费者心智中获得了强势地位，包括质量、价格、渠道和营销战略等。分析这些因素，并与自身进行对比，从而判断能从何种角度入手去击败对方。

**第二，找到领先者的弱点。**

进攻战的意义不仅在于自身胜利，更需要让领先者无力反击。为此，进攻者要找到领先者固含的弱点，这些弱点最好是与其领先地位相互联系、无法分开的。

**第三，尽可能控制规模、找准领域。**

企业必须要考虑本身的实力，根据所能投入的资金，选择精准的渠道与范围打响进攻战。例如，控制在一两个城市中，或尽可能专注于单一产品。这样，企业就便于集结资源，在局部地区形成足以击败领先者的优势。

## 第四节 防御战

当企业已经成为行业领导者的时候，要赶在出现强有力的竞争对手之前，先展开防御战。方太的茅忠群就曾经说过："当我不是行业老大的时候，枪口对着敌人；当我已经是行业老大的时候，枪口对着自己。"当然，"枪口对着别人"也包含着两个部分，一个是对着品类外，一个是对着品类内。当品类并不强大的时候，领导者的枪口应该指向品类外部，而不是品类内部的竞争对手。当品类发展起来之后，一方面要封杀对手的强势进攻，另一方面仍然要保留一定的竞争热度，因为品类有竞争才有关注。

企业操作防御战应遵循以下三个原则。

**第一，只有市场或品类的绝对领导者，才能开展防御战。** 而所谓的领导者，即在消费者心智阶梯中占据第一位的企业。

**第二，最好的防御是进攻，但是第一名企业的进攻对象，应该是企业本身。** 当企业成为行业第一名时，千万不能故步自封，必须要及时行动，避免成为竞争者眼中的"靶子"。只有不断推陈出新、更新迭代，才能保持企业旗下品牌的生命力。例如，当QQ成为互联网即时通信行业的霸主时，腾讯并没有对此满足，而是继续开发出微信，不惜进行内部竞争，进占移动互联网即时通信品类的心智高地。此后事实证明，如果腾讯错过这一"自我进攻"的机会，就会被小米的"米聊"等后起之秀在侧翼得手。

**第三，积极防御对手的强大营销攻势。**第一名企业必须要提前做好防御性的产品储备。一旦发现对手在某个领域发起进攻，就要推出子品牌针对其战略加以抵抗。当小米公司推出售价只有48元的"小白"插座时，公牛马上推出一款同样性能、同样价格的插座，借以封杀它。

当企业位于行业或品类的领导地位时，不要寄希望于竞争者不敢发起攻势，而是要做好随时应对攻击的准备，以自身不可战胜之处，形成有利的防御体系。

**防御战的最常见经典战略是"单焦点、多品牌"。**

比如，香飘飘奶茶2004～2014年的经历，就是非常值得研究学习的领导者防御战。

## 案例

### 香飘飘奶茶

2004年，浙江湖州有位老板叫蒋建琪，做了20年食品生意，每年有两三百万元的利润。一次偶然的机会，他在杭州看到人们在一家台湾的奶茶店门前排着长队买奶茶，这让他萌生将奶茶做成独立包装的快消品的念头。

经过半年的研究，香飘飘奶茶的配方出来了。

蒋先生做食品生意有两个经验：第一，不要去做免费的产品测试，客人花了钱才会给你提意见；第二，如果你找到一个可以赚钱的生意，注意不要大张旗鼓，要不动声色地做大，一旦你的产品被认为有前景，就会有大批的大公司进入，你很快就会"先驱变先烈"。

所以香飘飘最开始选择了湖州、苏州、嘉兴、义乌四个城市，每个城市选四个地方——社区超市、学校小卖部、标准超市、繁华步行街做测试。后来，他们发现一个学校外面的小卖部生意特别好，原因是这个地方提供开水，可以冲奶茶。

随着香飘飘奶茶越来越受欢迎，浙江有 100 多家企业开始跟进。这时候香飘飘将账面上的 2000 万元全部投入湖南卫视，就这样将第一波跟进的企业解决掉了。

但这只是开始，香飘飘迎来了更为强劲的对手。2005 年 7 月以后，广东的喜之郎、联合利华的立顿奶茶、浙江大好大的香约奶茶陆续跟进。喜之郎的优乐美奶茶正面进攻，"你卖多少钱，我就卖多少钱"；立顿奶茶高价进攻侧翼；香约奶茶低价进攻侧翼。而且，三家公司规模都比香飘飘大。

可喜的是，香飘飘在竞争中迅速壮大，2005 年起步的时候营业额为 400 多万元，2006 年为 3000 多万元，2007 年超过 3 亿元。这是因为当时的竞争相对没那么激烈。

一开始喜之郎犯了严重的战略错误，因为它还是叫喜之郎 CC 奶茶，之后不久它就改名为"优乐美"。

当香飘飘的规模达到 3 亿多元的时候，蒋建琪做了以下三件事。

第一，开奶茶连锁店，进军餐饮行业。当年，现调即饮奶茶市场上还没有全国知名的连锁店，显然有一个巨大的商业机会，于是蒋建琪迅速注册了"蜜谷"品牌，主要供应奶茶，还做芒果露、西米露、青梅爽之类的甜品。试运营期间，每个店大概有 200 万元的年收入，利润四五十万元，前景也相当不错。

第二，进军房地产市场。公司当时账面资金很多，而且可以利用香飘飘公司作为融资平台。于是，香飘飘先后投资了近两亿元，开发了 20 多亩的民用住宅项目。征地，规划，设计，施工，然后售楼。

第三，投资 3000 万元，上一个"方便年糕"的新项目，理由是，方便面是油炸食品，不健康，年糕作为传统食品，应该能有很大的作为。和最初的奶茶一样，方便年糕也在局部市场进行了试销，销量也不错，卖了一两千万元，相当令人满意。

这三件事情，无异于让一个力量有限的连队分兵作战，蒋建琪和香飘飘很快就迎来了危机。到 2008 年下半年，优乐美的销量不断攀升，2009 年上半年甚至逼近了香飘飘。眼看就要被追平，香飘飘的形势岌岌可危。这种情况继续发展下去，香飘飘很可能昙花一现，成为杯装奶茶市场的"先烈"。

对于这一段经历，蒋建琪颇有感触。

竞争对手在初期犯了延伸法则的错误，白白留给了香飘飘宝贵的一年多时间。现在看来，可以说喜之郎错过了唯一一次最有可能战胜香飘飘的机会，因为当时的香飘飘确实非常弱小。一个品牌如果在消费者心智当中没有明显的差异化，没有准确的定位，接下来的问题就是兵力原则。大鱼吃小鱼，小鱼吃虾米。大企业打败小企业，那是天经地义的。

优乐美发起了四场战役，价格战、渠道战、促销战和广告战：有香飘飘广告的地方，就一定有三条优乐美的广告；香飘飘请陈好代言，优乐美请周杰伦，高下立判。

2008 年下半年，香飘飘开始做定位咨询。当时香飘飘在公司规模、资金实力、渠道等方面都处于劣势。

通过调研，香飘飘梳理出自己的定位广告诉求："香飘飘，杯装奶茶开创者，一年卖出三亿多杯，杯子连起来足足绕地球一圈，好味道当然更受欢迎，香飘飘奶茶连续五年全国销量领先"。2009 年，这一广告诉求开始在央视投放。

香飘飘奶茶这则广告诉求的定位是"杯装奶茶开创者"；体现竞争性的是"好味道当然更受欢迎"，信任状是"连续五年全国销量领先"；艺术化表现的是"一年卖出三亿多杯，杯子连起来足足绕地球一圈"。

广告的使命有三个：第一，直接诉求战略；第二，应对竞争；第三，要以艺术化的表现让人印象深刻。

定位广告投放一年，到了 2010 年香飘飘夺回了失去的一半市场，本来应该会占有更多的市场，但因为低估了定位之后的威力，准备不足导致产能满足不了市场。这一年,优乐美也开始反攻,甚至在一些局部区域成了第一。

《孙子兵法》云:"知战之地,知战之日,则可千里而会战。"香飘飘因此错过了一举打败优乐美的机会。

2011~2012年,香飘飘奶茶进一步强化了市场领导地位,销售额达16亿元。广告诉求变为:"香飘飘一年卖出七亿多杯,杯子连起来可绕地球两圈,好味道当然更受欢迎,香飘飘连续六年全国销量领先。"

2014年香飘飘开始推出红豆奶茶,主动升级产品。同年8月16日,香飘飘在湖州召开新闻发布会,蒋建琪说:"要为中国杯装奶茶品类打造100亿元的量级。"

2013年,香飘飘销售额突破20亿元,2014年达到26亿元,2015年为19.52亿元,2016年为23.9亿元。

为了聚焦定位,香飘飘砍掉了很多前景光明的盈利项目,这需要很大的决心和勇气。但是,特劳特在牺牲法则中指出,有所舍才能有所得。企业要是什么都舍不得,最终结果就是什么都得不到。要想真正成就一个品牌,就要"挡得住诱惑、耐得住寂寞"。

我们总结成功经验:战略定位最重要。它帮助香飘飘从一个年收入3000万元的小企业迅速成长为年营业额24亿元的全国知名企业,击退、阻止了十几倍于自己的对手。如果没有当初的及时收缩、聚焦定位,香飘飘也许早就成了一家所谓的集团公司,把精力分散到各种有利可图的项目上,最终走向平庸。

PART3

下 篇

# 谁能成为第一

> 企业家被当成英雄的民族,一定会兴旺;企业家能走多远,这个民族就能走多远;企业家的命运,就是这个民族的命运。
>
> ——黄文峰,《企业家精神》

CHAPTER8

第八章

# 烤串黑马的战略升级

## 第一节　朝鲜族小伙的选择

　　人人都知道丽江,却不一定知道"南有丽江,北有延吉",说的就是远在长白山脉北麓的老城延吉。从巍峨耸立的白云峰、波光粼粼的天池,到咆哮奔泻的长白瀑布,延吉不仅坐拥绮丽的北国风光,而且聚居着热爱美食的朝鲜族人民,火锅、冷面、打糕、泡菜不一而足,凡来此地的游客,都期盼着能尽情享用一番饕餮大餐。这其中,最古老、悠久的饮食方式,就是"烧烤"。

　　1991年,中国大地正在苏醒前夕,很多人已经嗅到了社会剧变的气息,此时,远在北方边陲的老城延吉,一个年轻人在焦躁中做出了新的选择。

　　这一年尹龙哲24岁,父亲托关系给他安排了信用社的工作,他每天勤勤恳恳，尽管工资条上只有 200 元，心里却怀揣着一个梦想：成为信用社主任。可惜，梦想被现实逐渐瓦解，突然一天，他告诉父母，自己要放弃"金饭碗"，打算去街边开个烧烤店。在父母的伤心之中，恐怕连他自己也没有想到，几年以后，他真的把"烧烤"带出了延吉，十几年以后，不仅他的连锁门店遍及各大城市，而且他还成了家乡父老眼中的成功企业家。

尹龙哲个头不高，皮肤黝黑中透着红光，他有着朝鲜族特有的鉴赏美食的天赋，而他最爱的美食就是烧烤。每次相聚一提到烧烤，他就变得滔滔不绝，就像他自己说的："我感谢烧烤，它就像我的亲人，是它改变了我的一生。"

最初，尹龙哲下海经营的第一家烧烤店只有 29 平方米；现在，丰茂最大的单店面积已经达到了 5000 平方米。这些年里，他的烧烤店从只有家人帮忙，到员工上千人，他所经历的，就像是这个时代的缩影，有的站在浪潮巅峰，也有的成为历史教训。

当年，他怀揣 300 元，凑上朋友的 700 元，搭起了一间连名字都没有、只有四个烤炉的小店。才一个多月，小店亏损就吓跑了朋友，尹龙哲凭借自己的倔强硬撑着小店走了下去。

虽然经常请客、不善经营，但是尹龙哲眼光很高，他眼里的对手只有老城最火的"无烟"烧烤店。父亲拗不过他的坚持，借了 3000 元钱给他，要求只有一条：超过"第一"。

从此，一切都改变了。

1996 年，小店已经有了名字，这还是尹龙哲在一次工商抽检中，匆忙中从隔壁服装店名字里借来的两个字："丰茂"，后来这事还成了他回忆当初时的笑谈。此时，店面已经变成了 90 平方米，日收入 1.3 万元，生意火爆到中午、晚上客人都在排队。尹龙哲刚想喘口气，没想到又迎来了重磅挑战者——对方资金雄厚,装修了 800 平方米的豪华店铺,全城的烧烤爱好者趋之若鹜,丰茂的客流一下子被"腰斩"……

就在那个年代,很多如今耳熟能详的餐饮企业,纷纷开始如雨后春笋般成长。俏江南的创建者张兰已经从加拿大带着"第一个两万美元",回国投入餐饮业;贾国龙已经在临河市租下了临河农机饭店,更名为西贝火锅城,它日后将成长为蜚声全国的"西贝"餐饮;在简阳县城长大的张勇,已经被国营拖拉机厂除名,拉上女友架起四张火锅桌子,创办了"海底捞"。

时代在风起云涌中酝酿着新的英雄,尹龙哲不甘心认输,他咬咬牙拿出了全部的钱,孤注一掷,装修店铺、扩大经营,与对方展开正面"肉搏"。

此后,老街上其他 20 多家跟风做烧烤的小店,在双方对战的硝烟中全都阵亡了。但是,丰茂却宛如浴火重生,不仅新开了三家店,还和对手共同成为延吉数一数二的烧烤店。正如我们曾经讨论过的,在一个成熟的市场上,营销的竞争最终会演变成"两匹马的竞争",其中一个是领导者,另一个则是后起之秀。

积累了"成功"经验的尹龙哲,又赶上了餐饮行业的强势发展,一边到处学习培训、寻找合作,一边将版图扩张到了全国,最多时有 50 多家分店,最远甚至到了西藏。

但是,风光的背后是残酷的账面,2013 年,丰茂十店有八都在亏损。尹龙哲最担忧的是员工,本以为可以带着大家一起富足,却未料先一起忍受创业的维艰。所幸,他也遇到了一群好伙伴,即便在半年没发奖金的时候,他们也仍然笃信着说:"这里就像家一样,每个人都是伙伴,就算出去了,都还想再回来。"后来,尹龙哲遇到了如今的合伙人王东生,俩人的特质刚好互补,尹龙哲激情澎湃、性子急、点子多,王东生稳健亲和、抓管理、抓落地,一切开始变得井井有条,只是业绩离目标还有距离。

令我们非常感慨的是，丰茂的管理模式具有很强的"家庭感"，尹龙哲非常重视口头承诺，只要承诺过的就一定会兑现。他把自己看作家长，而不是资本的管理者，丰茂的员工则是"伙伴""家人"。有一次年会一位员工没能到场，他直接代替员工向其老父下跪行礼。眼见着越来越多的年轻、稚嫩的面孔加入丰茂，尹龙哲觉得自己有义务替那些孩子的父母照顾子女，他尤其怕那些孩子走弯路。他说："我也经历过荷尔蒙旺盛的岁月，我知道对金钱、权利的欲望会改变什么，既然这些初出茅庐的孩子把未来交给了丰茂，我就要担负起像父母一样的责任，让他们用更少的时间和代价，找到最适合自己的目标和生活。"一位丰茂的"小伙伴"悄悄提起，即便是在企业最艰难的时候，尹龙哲也仍然坚持着夏天给延吉爱心院的孩子们组织烧烤活动的习惯，有个男孩吃了50多串还意犹未尽，但公司却鲜有对此义举的宣传。

尹龙哲把企业的改变比喻为老鹰的重生，当疑惑的时候，他就想起老鹰40岁重生的故事——它只有拔掉原来所有的羽毛、指甲，长出新的"战甲"，才能再次腾空，飞得更高、更远。他知道，市场瞬息万变，自己为了赶上，必须时刻准备着，以义无反顾的姿态，改变自我，拥抱未来。

## 第二节　全国扩张的困惑

如果一家企业能够长期保持增长，那么就很容易被视为成功的企业。这种成功会滋生"我们无所不晓"的企业文化。时日一长，自豪感会导致过分自信或盲目自大，从而不可避免地错失新的机会。这种现象就是企业的"内向思维"。

——杰克·特劳特、史蒂夫·里夫金，《重新定位》

## 管理升级，困难依旧

2014年，丰茂已经走到了第23个年头。彼时，中国餐饮业一片繁荣，不仅吸引了大量的资本、人才，而且竞争愈加激烈。

烤串品类也陆续诞生了一些战略清晰、长于互联网营销的新品牌，它们有的走"烤串快餐化"路线，小店模式，快速开店；有的把"夜店风"做到极致，营销得法，"圈粉"无数；还有的已经聚焦到一个明确的特色产品上，拥有了清晰的定位。这些优秀的烤串品牌，共同推动了烤串品类的繁荣。

丰茂此时也早非吴下阿蒙，在北京、上海、长春纷纷开设分店，买下5000平方米的大楼，建设中央厨房，直接配送原材料，准许加盟店加入……在全国有50多家门店，其中直营店达到20多家，员工上千人。一切似乎生机勃勃，但实际情况却让尹龙哲难以乐观……看到同行在营销上的各种"花式玩法"，以产品见长的丰茂也感受到了压力。

而且，公司从2012年起，业绩就开始出现下滑的势头。尹龙哲不断派出公司内的管理团队，前往每个加盟店进行指导。虽然也有所成效，但无奈管理人员和经营资源被分散，公司直营店的业绩又开始下滑。新的中央厨房配送体制下，烤串原材料的新鲜度受到配送时间的客观影响，导致口感不佳，消费者体验变差。

待到2013年，尹龙哲举步维艰、濒临破产。但是与王东生的相遇合作，又扳回一局。丰茂很快就导入了12大管理系统，包括生产系统、服务系统、清洗系统、培训系统，等等，其中每个系统又有具体的细化标准。以生产管理系统为例，其中包含了采购标准、切割制造标准、出品标准，等等。每一款新品出来后，在管理系统的控制下，所有的执行被确保在标准下完成。

客观地看，这次管理升级，给丰茂在未来的爆发，打下了非常好的基础。但是短期内，他们并没有获得业绩的飙升，管理层仍然沉浸在担忧之中。

## 创意营销，业绩瓶颈

另外，丰茂的营销并不乏创意。2014 年，尹龙哲和王东生商量着，要彻底改变店面形象。他们专门请来了韩国设计师，开始在各家分店打造以集装箱和白桦林为主题的装修风格；将电脑桌放置在等候区供顾客免费上网；调整店内的灯光、内饰，使之显得明亮大方；增加白桦林等创意室内景观，在迎合年轻人时尚感的同时突出朝鲜民族风情；在每张餐桌上都采用下排风系统和可升降烤槽，优化顾客 DIY 体验……可以说，这一系列的创意设计，在烤串餐饮业界都是相当领先的。

然而，业绩增长困难的现实，却仍然如同巨石般重压在两人背上。

就像著名经济学家米尔顿·弗里德曼曾说的："我们没有增长的迫切需要，却有增长的迫切欲望。"增长的欲望，成为许多企业走上歧途的核心原因。增长本身并不是一个有价值的目标，而只是正确战略的副产品，但却诱使很多企业设定了短期内难以实现的目标。

丰茂烤串创立 20 余年以来，业绩不断增长，规模几乎每年都在扩大。其企业发展态势，是一条笔直上升的大阳线。但这些只能代表过去，并不能代表未来也能保持增长趋势，甚至这种增长本身，就为陷入瓶颈埋下了的伏笔。

尹龙哲后来很坦诚地承认，"企业所有问题困惑的根源，在于我自己的意识""我必须改变"。

## 第三节　名字的代价

反对意见认为，问题不是出在名字上，而是出在产品、服务、价格上。这根本不对，问题是出在了对产品、服务、价格的认知上，坏名字不会产生好的认知。

——杰克·特劳特、艾·里斯，《定位》

《圣经》箴言：宁择好名，不选巨财。

一次偶然机会，丰茂的管理层听了笔者在清华总裁班的课程，觉得深受启发，回到公司后，把原来的名字"丰茂串城"改为了"丰茂盛朝鲜族烤串"，顺势又提出品牌口号："新鲜烤出好味道"，并围绕口号更改了牌匾、菜单、宣传材料。管理层希望用这样的口号，锁定"新鲜"作为品牌特征，可惜，却并没有收获想要的效果。

2014年年底，尹龙哲和王东生找到我们，希望能与我们携手扶植丰茂。面对他们的热忱与信任，大家深受感动。一番调研之后，我们发现丰茂的"基因"非常好，而且烧烤行业尚无领导者，如果能推动丰茂领先发展，就将会带动整个烧烤品类的繁荣。

很快，启动丰茂定位的"第一锤"，就敲在了品牌名称上。

### 从"丰茂盛"回到"丰茂"

品牌名称是企业战略的第一步，是创建品牌的第一个关键因素。有一个好的名称，战略就对了一半。如果名字有问题，那么往往事倍功半。

什么是好名字？简单易记、寓意品类。

"丰茂""茂盛"两个词都是朗朗上口的通用词汇，都有很好的寓意，但合成为"丰茂盛"之后就比较拗口、累赘。想用"丰茂盛"这个新名字来对品牌进行重新定位，其成功的困难程度是相当大的。

身处过度传播的社会，品牌经营者要做的，是去除那些含混不清、模棱两可的信息，将信息极度简化。

"丰茂盛"想要放弃"丰茂"原有的心智资源，再去缓慢占领新的阵地，这样的时间，市场真得会给我们吗？"丰茂盛"毕竟不是"加多宝"，后者一年投入数亿元，才在中国市场成功打造出新的凉茶品牌，"丰茂盛"有这样的资源吗？

答案自然是否定的。但是，改回"丰茂"也并非纸上谈兵的易事。

当初之所以改为"丰茂盛"，是因为东南某省一家企业已经提前拥有了餐饮业领域的"丰茂"商标，如果直接使用，必然会有法律问题。另外，"丰茂盛朝鲜族烤串"此时已经在全国有了数十家门店，牌匾、字号、宣传单页、员工服装等要全部替换，上一次改名时已经花了不菲的费用，这次又全部重新改回，压力可想而知。

难能可贵的是，尹龙哲尽管疑虑重重，仍然下定决心改回"丰茂"。自此，总共历时两年，尹龙哲才完成了从洽谈买回商标到更换完成的工程。这让丰茂积累20多年的品牌资产得到了延续和释放，也可以说是给尹龙哲上了一堂"生动"的品牌产权保护课。

## 品类名顺应认知

一个产品应该要有两个名字，除品牌名外，另一个就是品类名。

品牌名就如同一个空罐子，品类名就如同罐子里的东西。往罐子里放入糖，它就是糖罐；放入茶叶，它就是茶叶罐。因此，品类才是决定品牌是什么的决定性因素。顾客做出消费选择的时候，是这样思考的：首先是我想要消费什么，然后才是选择这一类中的哪个品牌。这就是"品类思考，品牌表达"。

丰茂的名字中原来还有"朝鲜族烤串"的字样，这几个字蕴含了尹龙哲对于朝鲜族、对家乡的深深热爱。他坚信朝鲜族烤串代表着民族特色、乡土情感，一定能从延吉走向东北、走向北京，乃至走向全国。

这几个字推广到全国市场上，在激烈的竞争中反而成为劣势。我们在对顾客的调研中发现，顾客的认知中不是按照民族来对烤串进行分类的——消费者大多只会将"烤串"看作单纯的餐饮品类，并没有形成"蒙古烤串""东北烤串""四川烤串"之类的认知。

如果依旧以"朝鲜烤串"命名传播，就只会导致丰茂所代表的品类被窄化。在今后品牌的传播过程中，丰茂会丢失成为行业领导者的机会，反而成为烤串品类的细分者，陷入与各民族、各地域、各品牌烤串的低层竞争中。

所以，企业在命名品牌时，必须顺应这样的现实情况，尊重常识、顺应认知，尤其创始人不能被个人情感或喜好所影响，做出违背认知规律的决策。

"朝鲜族烤串"这个名字，实际上为顾客设置了一个疑问："什么是朝鲜族烤串？"这就让顾客在消费之前的选择变得更加复杂。

所以，"朝鲜族烤串"应该调整为简洁明确的"烤串"。只有清晰、准确的品类命名，才能让顾客准确地知道你是做什么的、能提供什么价值，才能助力品牌进入消费者心智选择的阶梯。

## 第四节　加盟，还是直营

营销是场战争，战争的第一原则即为兵力原则：规模大的军队或公司占优势。但是一旦它不能让自己聚焦在那场发生在消费者心智中的营销战，那么规模带来的优势很快就会消失。

——**杰克·特劳特、史蒂夫·里夫金，《重新定位》**

## 加盟的苦衷

丰茂在全国多地都有加盟店，直营和加盟共存，其中最远的加盟店开在了西藏的小城，这是尹龙哲的自豪，也使他有了难言之隐。很多无法抗拒的客观因素导致了这样的"遍地开花"。比如，某省领导到延吉出差，对丰茂烤串非常满意，决定推动当地企业加盟丰茂，但是当地即便开设了加盟店，对丰茂也起不到扩大品牌知名度的作用，而用于物流配送、经营指导的成本，显然又要比其他任何地区的加盟管理成本要高。中国是人情社会，尹龙哲纵有担忧，仍要积极配合。

虽然通过加盟体系赚了钱，但全国分散的现状，使得管理半径越来越大，品牌建设的难度也随之加大。

首先，从获利方式上来看，在直营餐饮模式下，品牌方是直接从消费者手中赚钱，而在加盟餐饮模式下，品牌方则需要从加盟商中持续获利。然而，个体餐饮加盟商设想的则是如何利用所加盟的餐饮品牌来赚钱、发展。因此，品牌方和加盟商在理论上是互利双赢的，但在实际运营中不可能不存在矛盾。当这样的潜在矛盾在实际运营中积累、深化后，很可能集中爆发。

例如，不少餐饮品牌，无论是品类独特性，还是整体供应链管理，本身都并不强大稳固。而当加盟商熟悉了产品与进货渠道、运作模式后，就有可能逐步减少从品牌方中央厨房的进货，尝试"单飞"，从而获取更多利润。

其次，餐饮品牌的加盟模式，并不比直营模式简单。表面上看，加盟模式只需要招商、签合同、收取加盟费，然后对加盟店进行指导培训，就能坐收利润。但实际上，掌控加盟商是一件非常困难的事情。餐饮品牌方在表面上能够影响加盟商，但很容易失去对加盟商的控制，合作一旦过了"蜜月期"，就会看到加盟商为了自身利益而不惜放弃品牌声誉，最终导致品牌被"搞砸"。

举例来说，1999年小肥羊火锅店成立，品牌影响力日益增强。从2000年以后，小肥羊在全国各地设立省市县级总代理及单独加盟店，两年内，小肥羊连锁店增加了400多家。到2002年，小肥羊加盟店数量提升到600多家。然而，总部对特许加盟店的控制力难以跟上，在经营、采购、服务上更没有标准化规范体系。一些加盟店开始出现卫生甚至质量问题，原料的配送和保鲜也成问题。2002年9月，卫生执法人员在小肥羊西安总店操作间菜板上发现蛆虫，加盟体系危机正式爆发。2003年，小肥羊关闭了加盟的大门。此后，历经资本运作、上市、摘牌，最终小肥羊的"中国第一火锅"品牌地位被海底捞所取代。

## 聚焦直营

以餐饮连锁为例，假设一个品牌要开10家门店，如果这10家店分别开在10个城市，那么它所面临的情况就是需要向10个城市输送物资，在10个城市做宣传，管理团队可能需要在10个城市间往返。但如果这10家店都开在北京，情况将完全不同，各项成本将大大降低。此外，还将产生区域聚合效应，如果顾客在大众点评、美团上搜这个品牌，同时出现10家店，那么这个品牌的势能与只有1家店的品牌是存在天壤之别的。

是否选择直营，有三个考量的标准。

其一，是消费场景。

以海底捞为例，顾客选择海底捞的原因往往是服务好、人气高、环境舒适、有体验保障等。如果换成麦当劳，服务员微笑时露出8颗牙，对一桌客人主动嘘寒问暖3次这些服务标准，反而变得非常可笑。从顾客点单到餐齐的时间必须限制在3分钟之内，汉堡中的牛肉饼，重量是45克，面包的发酵气孔是5毫米，厚度是12厘米，咖啡温度是60°……只要将这些量化数据在服务中完整标准化复制，顾客就会满意。

**其二，是品牌原点市场。**

海底捞虽然属于火锅品类，但最适合它的定位，能帮助它快速发展的土壤是一线城市。所以它必须要利用直营模式，在单店利润上获得优势，并以此保护品牌影响力。

反之，麦当劳这样的快餐品类，一线、二线城市都有顾客人群，它就需要用加盟模式，快速拿下地方市场，扩大品牌影响力。

**其三，是品牌与顾客的接触点。**

一般而言，品牌与顾客接触点的数量越多，品牌就越倾向于选择直营模式，反之则可以考虑加盟模式。像麦当劳这样的快餐品类，除了点餐和整体环境，顾客不会直接与品牌进行更多接触，即便采用加盟模式，顾客的体验也不会有太大变化。

丰茂的就餐体验则类似于海底捞。从进门开始，顾客就完全处于店面环境之中，店内的装修环境、氛围、温度、音乐甚至顾客交谈的方式，都形成了接触点，而迎宾、带位、点餐、上菜、加水、处理顾客需求、结账，也是由服务员代表丰茂这一品牌方与顾客的接触。尤其是烤串这样的品类，有的顾客一次就餐时间能够长达两三个小时，这期间他们会与"品牌"发生深度接触。

所以，笔者团队给丰茂提出了建议：第一步，先停止加盟，逐步收回加盟权，关闭加盟店；第二步，要聚焦北京、上海两个核心城市，持续开店，在北京、上海等高势能一线城市实现领先后，再向下辐射周边城市。商战和战争一样，占据战略制高点就占据了主动权。

企业的资源是有限的，尤其是成长期的企业。要让有限的资源发挥最大的能效，唯有通过聚焦才可以实现局部范围内的兵力优势，最终获得胜利。

## 第五节　认知寻宝

　　最有效的代名词，应该是简洁、能体现优势的词语。不管这个产品是多么复杂，也不管市场需求是多么变幻莫测，集中于一个代名词或一种优势，比两个、三个更强。而且让别人也能使用的你的代名词很关键，因为作为一个领导者，你必须有自己的追求者。

　　　　　　　　　　——杰克·特劳特、艾·里斯，《22条商规》

### "好吃"的谜题

　　在顾客认知调研中，笔者团队发现来丰茂的顾客，都认为丰茂的烤串非常"好吃"，但是要问顾客为什么好吃，却没有人能说得太清楚，这也成了调研过程中发现的最大疑问。

　　既然大家都认为"好吃"，背后一定有它的理由。

　　很多企业可能都会遭遇这种情况：企业的产品确实好，在市场中具备一定优势，但是企业内部人员却因为过于熟悉自己所做的一切，反而不能客观地看清自己，导致忽视了自己与众不同的那个点，而如果能找到一个恰当的词来形容这个点，它就将成为品牌进入消费者心智中的那个关键词。

　　在2015年之前，丰茂的宣传语是"新鲜羊肉好味道"。确实，"新鲜"是消费者喜爱的，但怎样的标准才叫"新鲜"？对这个问题的回答却是模糊的。为了解决"好吃"的谜题，我们深入到丰茂的后堂厨房，观察他们的生产加工过程。

　　肉先切成条，再切成小块，切肉师傅刀法娴熟优美，中间每一次的下刀，都要按照肉质纹理，不能有纰漏；肉块切完送到穿串师傅手上，这些穿串师傅多是女性，仿佛训练了手指的功夫，穿串熟练、轻巧、快速，最多一天可以穿2200多串，一般人很难想象她们在培训练习时，曾经被扎到满手硬茧。

食材料理精心、穿串自成功夫、标准化管理等确实是丰茂的优势，但是仍然不能回答为什么他家的羊肉串就比别家的好吃。

通常来说，烤串店如果是夫妻档的话，基本上都是现穿现卖。但是如果是连锁店的话，就有一个问题：如果每天都现穿，人工成本和食材成本将大大增加。所以很多连锁的烤串品牌，采用的是中央厨房。中央厨房串好的烤肉串送到各店里面冷冻起来，我们通常在店里面吃到的是解冻后的肉串。

在这个过程中，肉经历了反复冷冻，从肉进店的第一次冷冻，到穿串之前的解冻、切割，穿完之后再冷冻到店里。甚至有的时候，还要反复冷冻，当天卖不完的再冷冻起来，第二天解冻再卖。反复冷冻几次之后，肉质本身的水分流失了，肉的香味也没有了。

我们又调研了丰茂内部厨师长、采购、服务员等各个岗位的伙伴，最终了解到，丰茂自成立以来一直保持着：所有羊肉串都是根据用量，现穿现用，随用随穿。

## "现穿"就是竞争力

**与其他众多烤串品牌比较之后，大家发现丰茂20多年一直坚持在做的"现穿"，正是其他品牌不具备的**——当初，尹龙哲夫妇与家人辛苦经营小店，所有的羊肉都由他们亲手穿上，即便扩大了连锁规模，基于朝鲜族的饮食习惯，还有他们对于美食的极致要求，"现穿"从未被丢弃，只不过因为过于根深蒂固地保留在丰茂的基因里，反而没人意识到，"现穿"是他们与竞争者们的最大不同。

而且，"现穿"在我们这个追求自动化、高效的时代，意味着原始的手工做法，它有一种我们小时候才能尝到的味道：水饺都是妈妈现包的，馒头是现蒸的，面条是现擀的。"现穿"不仅仅意味着品质，还能够给予消费者一种情感的附加值。它凝聚着尹龙哲夫妇用辛劳汗水绘就的明日幸福，象征着传统餐饮文化精心劳作带来的手工味道，也代表着我们对青春的回忆，那是只有家中才有的温馨、美好。

企业内部已习以为常的存在，往往隐藏着你成功的密码，蕴含着顾客选择你的原因。但未必所有的顾客都知道这个原因，企业应该做的就是让更多顾客知道他们为什么选择你。有时候明明是显而易见的答案，反而会被人忽略。但是沿着认知的线索循迹而上，我们总能寻找到正确的位置，而这将成为企业最宝贵的收获。

定位就是创建差异化、让品牌与众不同，如果反其道而行之，在别人玩"夜店风""快餐化"，玩概念、玩装修玩得如火如荼的时候，你就跟上去，那么你永远都只是仿冒品，无法超越原创。对于丰茂来说，"现穿"正是在顾客认知中已经具有的，而且是竞争对手所不具备的，因此"现穿"就是丰茂的竞争力和定位。

喧嚣无法长久，回归才有出路。面对喧嚣，餐饮企业最应该回归到产品的本位上。品牌只有有所不同，才能"与众不同"。

## 第六节　加工方法升级为战略

市场营销领域并不存在客观现实性，也不存在事实，更不存在最好的产品。存在的只是顾客或潜在顾客心智中的认知，只有这种认知才是事实，其他的都是幻觉。

——杰克·特劳特、艾·里斯，《定位》

## "羊肉现穿才好吃"

品牌诉求的方式有很多，但都应以开创顾客，促动消费为目的。一个好的定位式品牌诉求应该能承担三个使命：

第一，应对竞争。它可以明确地体现出相对竞争对手，自身品牌的竞争力在哪里。

第二，诉求定位。它可以明确地告诉潜在顾客，自身品牌的定位是什么，从而通过定位开发新顾客。

第三，体现顾客利益。它可以明确地告诉潜在顾客，消费这个品牌他能得到什么利益，让顾客选择的理由变得清晰。此外，好的品牌诉求还应朗朗上口、简单易记。

基于以上标准，我们为丰茂烤串提出了"羊肉现穿才好吃"的品牌诉求。

首先，丰茂回归到"羊肉现穿"的本位，就是找到定位。但是为什么是"羊肉现穿"而不是"烤串现穿"呢？

在餐饮这个大品类里面，所有的细分品类都有第一菜、第一属性。比如说到卤菜，它的第一道菜就是烤鸭（北京其实没有菜系），像全聚德其实就是卤菜系；说到徽菜，它的第一道菜是臭鳜鱼。那么，回归到烤串，**烤串品类的产品有很多，但"羊肉串"才是烤串的第一大产品**，而不是烤牛肉串，也不是烤五花肉、烤海鲜。所以企业的战略焦点，应该放在第一属性上，用"羊肉"应对竞争。**因此，品牌诉求体现出"羊肉"，占据品类的第一大产品，才是最有价值的。**

其次，"好吃"是消费者对于任何餐饮品牌能给出的最高褒奖。相比于"好味道""美好滋味"这种书面化表达，"好吃"直抒胸臆，毫无修饰，直接来自消费者心中最深处的欲望，也契合心智对于"简单"的偏好。

既然丰茂在顾客认知中的关键词就是"好吃",品牌诉求就应顺应顾客认知并明确告诉顾客为什么好吃,这样才更具有可信度,才更能开创新顾客。丰茂的"好吃"是因为是"现穿"的,"好吃"就是顾客利益。

"现穿"是差异化,"好吃"是顾客的利益,短短的七个字,说清楚了自己的优势,体现了自己的独特价值,包含了顾客的利益,也占据了品类第一属性——羊肉串这个位置。所以,这七个字的含金量非常高。

## 战略配称苦练内功

找到定位后,还需要通过一系列运营动作(战略定位专业上也称之为战略配称)让更多的顾客认可。我们为丰茂烤串"羊肉现穿"这一定位提供了一系列战略配称建议。令人惊喜的是,尹龙哲和王东生对于这些建议不仅认可,而且快速、准确、强有力地实现了它们。

首先,围绕"羊肉现穿"这个定位,丰茂开始在全国的门店实现羊肉现穿明档化。在每一个门店的醒目位置,设置羊肉现穿明档,专人穿串儿。走进店里,玻璃墙后的师傅聚集了顾客视线的焦点,娴熟的手法令人眼花缭乱。明档开放式窗口的上方,正好挂着"羊肉现穿才好吃"的发光字说明。这让很多排队等座的顾客都有了兴趣,纷纷拍摄明档穿串儿的照片、视频发到朋友圈。

其次,羊肉加工标准化。丰茂制定了"七道工序":优选好羊、羊肉选材、羊肉分解、羊肉现切、羊肉现穿、羊肉现烤、羊肉蘸料,每个工序都坚持自己的"标准"。所以,在丰茂的企业经营中,要强调产品原材料、配送、切割、烤制的专业化优势。不仅如此,还要利用厨房前置的明档方式,让顾客切实看到标准是如何落实的。这样,在他们的心智中,烤串就不再只是街头巷尾随意经营的形象,而是更加接近于现代标准化的、连锁化、品牌化的餐饮新形象。

再次,是价格区间。丰茂之所以要将价格定位在高区间,是因为丰茂将要在羊肉烤串上实现突破，成为烤串品类领导者。为此，必须要为追随者留下足够的价格空间，吸引其他竞争者跟进。而主攻羊肉烤串，也是给追随者留出鸡翅、五花肉等其他菜品的拓展余地，从而带动整个烤串品类，使之兴旺、繁荣。

最后，"丰茂烤串"的品牌名称中没有了"朝鲜族"，但在环境和菜品上，体现出了朝鲜族风味。观察近年来餐饮业界的品牌之战，海底捞强势统治火锅业界，离不开其重庆风味因素；西贝的顺利做大，也在于其打造出了西北菜系风味的流行。相比之下，更多中餐品类实际上缺乏民族特色，即便宣传文案中有所体现，实际产品中也少有体现。

定位理论的操作重点，在于了解潜在顾客的心智，为此，我们不仅要了解丰茂在顾客心智中的位置，而且还得了解竞争对手在我们共同的潜在顾客心智中的位置。**品牌定位绝不只是一句诉求，它是一整套环环相扣的运营活动。只有以品牌定位为核心，围绕这个核心，以一系列的动作去持续强化它，才能建立起强势的定位。**

唯有让顾客感知到你的言行一致，顾客才能真正认可你。

## 第七节　构建防御壁垒

防御战的三个原则：只有领导者才能打防御战；最佳的防御就是自我攻击；对手的强大进攻必须及时封杀。

——杰克·特劳特、艾·里斯，《商战》

### 拉紧钩子

竞争不会停歇，品牌经营永无止境。

对领先品牌而言，需要时刻防备被超越。很幸运，我们的学员中刚好有一位自建羊肉加工厂的企业家，他建厂的初衷是为自己的火锅店阳坊大都供应原料，当时因为对行业里羊肉掺假的现状感到气愤，他一气之下自己考察，终于发现了苏尼特这片土地，迅速投资了8000万元建了当地规模最大的现代化屠宰生产基地。

当我们建议尹龙哲和王东生去考察时，两人当机立断，第二天便飞赴内蒙古苏尼特左旗。

特劳特说过："品牌名就像是个钩子，把产品紧紧地钩在潜在客户心智里的产品阶梯上。"

"丰茂"这个名字尽管已经钩在顾客心智中，但是它还需要不断增加力量，才能保证自己不会被竞争者从阶梯上挤下来。只用"内蒙羊肉""特色羊肉"作为名称，显然缺乏特定意指而很难被记住。苏尼特羊曾经是明清两代皇宫的贡品，也是羊肉中的精品，这些得天独厚的优势，注定了它将成为生鲜羊肉这个品类里的最顶端品牌。对于丰茂来说，无疑应该立刻启用它，构筑竞争壁垒。

## 产品故事：苏尼特羊

苏尼特羊肉美味多汁，主要是源自苏尼特草原的独特的天然优势。苏尼特左旗位于草原地区的半干旱、干旱荒漠地带，这里日照时间很长，日平均光照时间能达到10个小时，成群的羊吃的不是普通的草，而是能够入蒙药、具有开胃杀虫作用的"沙葱"。这也造就了它们没有膻味、高蛋白、高氨基酸、低脂等肉质优点。

另外，为了防止进一步沙漠化，苏尼特当地政府严格限制羊群畜牧规模，规定60亩[①]地上只能放养一只苏尼特羊，而且规定了每年固定的屠宰时间和

---

[①] 1亩=666.666 666 7平方米。

数量。物以稀为贵，2007年苏尼特羊肉被列为国家地理标志保护产品；2014年"苏尼特羊"品种被列入国家"畜禽遗传资源保护名录"。

尹龙哲和王东生的决断之快，出乎我们的意料。他们很快就在2017年与地方政府启动合作，在北京、上海的门店率先使用苏尼特羊肉。这次"联姻"事件，迅速冲击了市场。

我们提炼的产品故事："苏尼特羊，好吃不膻；吃沙葱，喝清泉，天然放养180天"，已经被广为传颂。

2015年年底，丰茂进行战略定位半年多，门店营业额普遍上涨30%～40%。到了2017年，短短两年间，丰茂获得了营业额和利润的翻倍增长。2017年国庆期间，更是凭借节日，营业收入同比增长43.5%。

## 结　语

定位需要创始人的全程参与，也需要管理层的深刻认同。在很多案例中，企业家并非不了解竞争中战略定位的重要性，只是真走到咨询的执行步骤时，他们常常会因为抱持曾经的观念与传统，不忍或不敢改变，而错过最佳战略时机，与未来失之交臂。

在这一点上，丰茂的表现出乎意料地令人赞叹。企业创始人和管理层在整个定位咨询的过程中，都给予笔者团队极大的信任和全力的支持。尽管在后来的私下沟通中，他们才告诉我们，当年也曾质疑，甚至极度焦虑过，因为对于定位咨询给出的战略与战术，他们并不确定能获得怎样的成果。但是仅凭着对笔者的信任与自身具备的行动魄力，他们硬是坚持走下了战略升级的每一步。

清华大学学者管清友把改革开放至今40年间的企业家，按照重要转折发生的时间，分为了 84 派、92 派、99 派和 15 派，应该说尹龙哲就是非典型的 92 派，"他们多数都是从体制内出来的公务员，有些在政治上还很有前途"。虽然 92 派很多从事与政府有关的事业，比如房地产，但是也有像尹龙哲一样的，选择了自己的爱好，"他们经营更稳健，相对保守一些，但是对于产业的理解更深入"。这一代人兢兢业业，他们用自己的双手，闯出了一片天地，所以他们注定是辛劳的、不知疲倦的。

在美国电影《阿甘正传》中，那首《答案随风飘荡》唱道："一个男人走过多少路，才能被称为男子汉；一只海燕要飞越多少片海，才能到达可以休息的海滩……"

它描述的仿佛就是这些一路走来、闯出一片天地的创业者，这些在商海中被无数次拍打却生生不息的企业。这些当初从时代变迁的荆棘中冲出一条血路的创业者，把自己的命运完全寄托在企业与品牌的成长中，他们为之执着付出，贡献了黄金般的人生岁月，其内心所流淌的情感因素，早已不能用"敬业"与"爱"这样的词汇完全描绘出来。

CHAPTER9

# 第九章

# 一个新品类的聚焦重生

## 第一节 撬动娃哈哈，丢了3个亿

2013年的中国饮料行业，王老吉和加多宝关于谁是凉茶正宗的战役，刚刚拉开帷幕，全国人民就跟着一起陷入缺了凉茶就"上火"的亢奋中，这场战局之外的旁观者无不感慨——不论此番胜负落于谁手，至少有了能与碳酸饮料对抗的国产品牌。

与此同时，没有人知道，远在中国北方的冰城哈尔滨，另一场无烟战争即将打响。

秋林里道斯集团的董事长仲兆敏，带领着旗下品牌"秋林格瓦斯"的团队，彻夜忙碌，不敢有丝毫懈怠。他们明白，从官微发出消息的那一刻起，就等于向饮料行业的另一位巨头发出了战书。发布之前的最后一刻，仲兆敏看向窗外，夜幕下的哈尔滨，那些有着异域风格的古老建筑上,散发着迷人的灯光,仿佛镶嵌在街市上的宝石——她在这里长大,她又与秋林一起,为这里延续了它的饮食文化,所以她不能容忍有人以近乎玩笑的方式,"山寨"她和哈尔滨的记忆,她要捍卫它,哪怕对手是这个行业的"帝王"。

今天,如果你再去问她,是否想改变那一次的决定。她一定依然如此,不同的只是宣战的策略——这个市场如此年轻,它需要随着一代企业家,经历百般磨炼,才能逐渐成熟起来。

## 两个格瓦斯,谁才是正宗

仅仅5年前,没有去过东北的人,也许根本就不知道"格瓦斯"是什么。

在哈尔滨这座毗邻俄罗斯的城市里,不仅有遗留着战斗民族血统的"秋林",还有已经被东北人民广泛接受的异域饮料"格瓦斯"。它们在东北这片黑土地上,已扎根了百余年——早在1900年,随着中东铁路的修建,俄国商人伊·雅·秋林来到哈尔滨,建立了中国最早一批跨国企业之一的"秋林洋行",还带来了他家乡的传统饮料"格瓦斯"(俄语、乌克兰语"квас",即"发酵"的意思)。它是最早来到中国的洋饮品之一,只是一直盘踞在东北市场,无论是仲兆敏的秋林里道斯,还是当地其他企业,都还没能用它打开通向全国的市场。

直到2013年,湖南卫视的一档节目突然红遍大江南北,"格瓦斯"也随之以迅雷不及掩耳之势出现在北京、上海各大超市的专柜上。几乎每个家庭都尝试过这种口感奇妙的非碳酸类饮料,这一切的幕后推手是谁?

它就是中国饮品行业的本土巨头娃哈哈,它不仅重金打造自己的新品"娃哈哈格瓦斯",而且斥资6亿元推出广告,让它成为《我是歌手》节目的唯一指定饮品,随着播出一夜成名。据说不到1个月的时间,全国经销商的订单已经超过了 200 万箱，极有可能完成娃哈哈的掌门人宗庆后为它制定的 10 亿箱年销售任务目标。

坊间传闻，娃哈哈董事长宗庆后每次出差，都会带回个大包，那里装的不是别的，全是自己相中的当地饮料，他将它们带回公司让娃哈哈研发部门学习效仿。格瓦斯是否如此进入他的视野不得而知，但此番出手，可见已经酝酿许久。在轮番宣传攻势下，娃哈哈几乎就要成为"格瓦斯"发酵饮品的代名词。

仲兆敏和她的团队按捺不住了。

因为，他们知道娃哈哈生产的"格瓦斯"用的是麦芽汁勾兑，这与秋林格瓦斯采用大列巴为原料，烘烤、发酵酿制的工艺相差甚远。可是，前者却也叫"格瓦斯"。

他们还知道，自己的企业虽然并非行业里的巨头，但是没有一个人希望"格瓦斯"这个品类，被巨头用"跟着感觉走"，或者三个金发碧眼、风情万种的俄罗斯美女（娃哈哈当年的广告），贴上不伦不类的标签。

于是，秋林官微发声了：

"拜托'娃'，山寨也要认真点，兑点麦芽汁也敢叫格瓦斯？加点苹果汁也敢叫格瓦斯？套个琥珀色马甲也敢叫格瓦斯？……格瓦斯不是啤儿，模仿，也请用心点！！！"

宗庆后闻之，不让分毫，轻描淡写地回答，"消费者说正宗才算"。他在后来接受媒体采访中，甚至直言秋林公司"贬低他人，炒作自己"。

至此，正面搏击才刚刚开始。

娃哈哈在包装上做了耐人寻味的设计改动：将格瓦斯进入中国的时间改成了 20 世纪末，并喊出自己是正宗格瓦斯的口号。这一改，就跳过了百年时间，把格瓦斯在中国的悠久历史化为灰烬。

为了正名，秋林格瓦斯的防御措施很快制定出来：在瓶身包装上，将"1900"的字样特别放大，另外在新的推广方案中，秋林也着重强调自己和格瓦斯的百年渊源。

仅仅防御还不够，秋林格瓦斯还酝酿了一次反攻，它不仅在官微，而且通过多个渠道，直逼出娃哈哈的生产工艺和原材料"非传统"这一现实缺陷。

在格瓦斯上千年的发展历史中，最为主流的制作方法当属面包屑发酵，通常是用俄式大面包为原料，将大面包打碎后得到的面包屑，再辅助大米、酒花等，用乳酸菌及酵母菌等多种益生菌发酵，最终酿造而成。

显然，从生产工艺上看，"秋林格瓦斯"更接近于发源地俄国的"格瓦斯"——它与娃哈哈在麦芽汁外还加兑苹果汁不同，"秋林格瓦斯"只有纯粹的面包发酵味道，和千年前格瓦斯诞生时用面包干发酵酿制一样，颜色近似啤酒略呈红色，口感偏酸。这是两个"格瓦斯"真正的区别。

所以，秋林格瓦斯打出"最正宗制作方式"的旗帜，在这一点上娃哈哈自知理亏，但一点儿也不松口："格瓦斯并没有规定只能用面包屑发酵，就算是在格瓦斯的发源国俄罗斯，也有不少工厂用麦芽汁以及其他原材料发酵制作的先例。"

### 大鱼另觅食，湖水寂无声

实际上，娃哈哈和秋林格瓦斯这一场你来我往的"口水战"，真正的获益者是"格瓦斯"发酵饮料，这个中国饮品市场上的新品类。

这边娃哈哈花钱如流水，不断做广告、推产品；那边秋林格瓦斯快速铺货，双方在渠道上的正面交锋越来越激烈。娃哈哈格瓦斯3个月内销量达到1000万箱，而"秋林格瓦斯"在销售最高峰时，营业额也达到4亿元，销量暴增500%。

仲兆敏决定趁热打铁：先在天津宝坻投资建厂，随后在哈尔滨哈南建了一个工厂，并花费 5000 万元引进了一套易拉罐生产设备，她还在全国各地设立办事处，大有抗衡娃哈哈，征战全国的架势。

可是，更大规模的抗衡战终究没能打响。

娃哈哈的广告和渠道捆绑销售模式，让更多消费者认识了"格瓦斯"这种饮料，进而认识了"秋林格瓦斯"——娃哈哈在推销所谓"山寨格瓦斯"的同时，也间接推广了老牌的"秋林格瓦斯"。无论谁是正宗，两个"格瓦斯"都因此曝光率大增。

但是，毕竟"格瓦斯"饮品在广大消费者心目中还属于新生事物，尽管"娃哈哈格瓦斯"年销售额达到 10 亿元，但不论娃哈哈还是秋林，都没能够给消费者足够聚焦的一个点，鲜明而有力地进入消费者头脑，在"心智"中占据一席之地。

此时，整个品类的定位都还不明确，消费者的消费习惯尚未形成，对于娃哈哈"山寨"和"勾兑"的批评，无异于当头一棒，在相当程度上削减了消费者对格瓦斯的推崇。然后两家领头的公司彼此揭短、批评，迅速地让这个新品类陷入了生存危机。

当娃哈哈的品牌形象沾染上了不良商家的色彩，格瓦斯在消费者心中失去了原有的新奇热度时，曾经重金投放广告的推广模式，也就无法承受市场的溃败，很快，"娃哈哈格瓦斯"的广告就在电视中消失了。

没有了广告的强势植入，格瓦斯的销量一泻千里，甚至业内有人用"死了"来形容此时宛如死水般的市场。娃哈哈后来给媒体的答复是，"有订单就做"。但是，超市货柜上只剩下了"秋林格瓦斯"落寞的身影。

伴随着对手的慢慢消失，仲兆敏这才发现，"秋林格瓦斯"正在无可奈何地走向低谷。

可以说，仲兆敏确实在一定程度上成功防御了娃哈哈，但是却失去了一个可能的盟友。至于娃哈哈，格瓦斯对于它来说，是一个可以失去的单品，正如它过往那些类似的尝试一样。它有充足的资源，可以承受住市场失败的考验。但是，它唯独缺少的是作为行业老大的责任感。

这场两败俱伤的战役，对于整个行业都是一堂很好的反思课。

在快消品行业，同质化现象十分普遍。一个品类在市场上热销，很快就会引起各大企业的跟进。这些大企业站在区域品牌的肩膀上，通过自己的庞大资源，复制别人的产品，然后推向全国性市场。

巨头娃哈哈的扩张模式正是如此，它的很多产品都是在模仿区域品牌，比如营养快线模仿河北企业小洋人；启力模仿红牛；HELLO-C 模仿农夫山泉的水溶 C100。对于行业第一来说，这种野蛮行为很难令人折服，毕竟专注于产品的创新与研发，才是大企业最基本的责任。

尽管娃哈哈的行为并不令人称道，人们甚至都会认为，娃哈哈这种行为挤压了被效仿企业的市场份额。但事实却是"秋林格瓦斯"的销量随着娃哈哈的进入而呈现巨量增长；同时，当娃哈哈离开时，"秋林格瓦斯"销售速度放缓、产品囤货严重。

所以，从战略角度来看，"娃哈哈格瓦斯"的强势登场，貌似危机，实则为格瓦斯带来了一个扩大品牌知名度和市场接受度的契机。"娃"，既是敌人，亦是贵人。

只不过，敌人和贵人的界线，需要小心把握。在品类尚不成熟的阶段，秋林格瓦斯应该好好利用"贵人"的资源，为自己造势，待到恰当时机，再针对"敌人"选择战术、展开攻击。

仲兆敏，作为把握这个界线的人，着实令人好奇。在资源、渠道都有限的情况下，她完成了与娃哈哈的短兵相接，然后又挺过随之而来的寒冬。

其实，在和她相识之前，我就对秋林格瓦斯充满好奇。

2013 年，因为一次偶然的机会，我到哈尔滨参加一个会议。在会场上，与当地企业家聊起"秋林格瓦斯"，我告诉大家自己对它充满信心，"它俨然就是中国饮品市场的'鲨鱼苗'，我想与它沟通一些我的心得"。但是因故种种，我们失之交臂。

直到 3 年后，我再次造访哈尔滨，听闻他们的销售额已经从 3 年前的 4 亿元，下滑到了 1.2 亿元。当初很多跟进的小厂，也早已停止生产，只剩下秋林格瓦斯、得莫利几家当地龙头企业还在，不过虽然还在，但也已岌岌可危了。饮品市场更新换代极快，消费者早已失去当初的热情，格瓦斯这个品类，在那场战役之后，已然走下巅峰。

幸运的是，我与仲兆敏相遇了，很难想象，就是这样一位年逾六十的女性，带领着秋林企业的里道斯、格瓦斯两个品牌，曾经占据了整个东北市场。我们见面时，她一开口，厚重的声音充满了干劲，我丝毫感受不到年龄的伤逝或困境带来的沮丧。在之后的沟通中，我脑海中对中国传统女性的刻板印象，已然被她碾压得一干二净了。

终于到我们并肩作战的时候了。

## 第二节　糖果厂厂长的涅槃

> 对于将要遭遇的各种问题，中国的新一代企业家并没有预先备好的锦囊妙计。但是他们坚信，成功来自拼搏进取、勇于冒险、趁势而上；他们坚信成功来自对竞争优势做出的探索和努力，这包括每一个小小的改进，也包括他们在全新的商业领地开疆拓土的大飞跃……
>
> ——谢祖墀，《创业家精神》

如果要真正了解秋林的今天，就要看到它过去的成长；看到这些年仲兆敏走过的历程；看到她为什么能从一个普普通通的工厂女工，成为一家地方龙头企业的带头人；看到这些年来，她为什么能时刻保持旺盛的斗志，奋斗在企业奔跑的第一线上。

## 毛遂自荐，英雄莫问出处

1993年3月，国家体改委《关于1993年经济体制改革要点》提出，本年经济体制改革工作的主要任务，要以转换国有企业经营机制、转变政府经济管理职能为重点，围绕把企业推向市场这一中心环节，加快企业改革。

还是这一年，广州的王老吉药厂则被收归国有，后更名为"羊城药业"，隶属于广药集团。另一边，已经进入商道多年的宗庆后，开始在娃哈哈实行全员持股。

此时，到处都有寂寂无闻的人正在自己的人生之路上前进着、煎熬着。在黑龙江的哈尔滨市，仲兆敏也迎来了人生当中的重大"改革"。她通过毛遂自荐，成为哈尔滨的老字号秋林糖果厂的厂长，挑起了厂子改革发展的重担。多年以后，回忆起那段经历，她还壮怀激烈。

当上厂长后，她才发现困难远超预想，秋林糖果厂已经连年亏损、濒临倒闭。厂房里四处漏雨，锅炉陈旧需要更换，公司内部到处缺钱，连基本开支都拿不出来。这样的企业，应该何去何从？

这是仲兆敏人生中第一次面对企业的危机，此时她毫无经验，却也毫不退缩。这也是她人生第一次开始放低身段向别人要钱，后来她偷偷哭过，也后悔过，甚至想过放弃，但还是咬牙坚持下来了。这份坚持，源于一种信念，它在未来将极大地影响糖果厂的命运，然后才有了秋林格瓦斯的诞生与重生。

## 从农场到工厂，干！干！干！

仲兆敏念小学时，虽然学习成绩不拔尖，但她却一直很努力，她对自己的形容是"慢鸟先飞"，从不肯落于人后。有趣的是，尽管她如此不甘平庸，却并未在财富与权利到来时，失去做人、做事的原则，她反而给自己划了明确的界限：一定要走在正道上。

1978年，仲兆敏从2‰的返城概率的竞争中脱颖而出，与另外一名知青返回哈尔滨市，进入了秋林公司。没想到刚进公司，就遇到了波折。领导借故她视力不好，让检查眼睛，唯恐她做营业员认不清钱。在很多企业家的成长中，总会有一两个关键性的机遇，促使他们完成人生的转变。这一次，就是仲兆敏的命运转折："既然眼睛不好，那就不去营业厅，去工厂工作"，于是她成了秋林糖果厂一名包糖果的工人。糖果厂有了仲兆敏，才有了后来的秋林格瓦斯，当然这是后话了。

对于当时的她来说，包糖果是女人擅长的，可她非常不凑巧地长了一颗男人的心——干不了女人的细活。那时候，每个工人每天要包80斤水果糖，但她拼了命也只能包60斤。为了能完成任务，她牺牲了自己吃午饭的时间，但也只是将将完成任务。于是她主动要求进入制糖组。制糖组不要求灵巧，多是些搬搬扛扛的体力活，更艰苦，也更累。

于是每天天不亮她就来，骑着车五点半准点到公司，把焦炭、砂糖等工作需要用的物料全部准备好。因为实干，一年之后，仲兆敏就走出车间，成为脱产干部，后来又成为工会主席。1978～1993年，她从普通员工做到了班组长，后来历任团书记、工会主席、办公室主任、党委书记、生产副厂长，最后成为厂长。

十五年磨一剑，仲兆敏从工人做起，终于成为秋林糖果厂的当家人。但是，她也因此即将迎来自己人生中更为艰苦的一段日子。

## 第三节　从里道斯到格瓦斯

在许多人看来，似乎只有大型企业才有战略管理问题，才有战略管理的必要，中小企业谈战略管理貌似好高骛远。实际上，中小企业与大型企业一样，经营中不仅有自己的战略问题，也有战略管理的要求，只不过更加具有自己的特色。

### 险些失明，从黑暗中寻找希望

1993年，从仲兆敏踏进公司总经理办公室大门的那一刻起，她和秋林糖果厂的命运就开始了交汇融合的变化。

那时的她，根本无暇思考变化所蕴藏的意义。成为厂长的第一天，周围形势就如同奔腾不停的车轮，逼迫她不断向前奔跑。仲兆敏认清了一穷二白的现状，她知道必须带领支持者们抢在时间前面，努力找到新希望，移开命运扼在脖颈上的巨手。

指望上级公司的不断拨款，显然不切实际。仲兆敏清楚，"救穷不救急"，对于糖果厂这个下属企业，秋林公司最多只能帮助一时，却不可能无止境地"输血"。想让厂子正常运转起来，就需要自力更生、稳定盈利。转眼间，一年多过去了，糖果厂的经营状况没有任何起色。心气要强的仲兆敏表面镇定，但内心早已如在炭火上不断煎熬。

屋漏偏逢连夜雨，过度操劳繁忙、情绪焦躁，外加重重压力，让视力不佳的仲兆敏罹患了视网膜脱落重症。紧急手术后，医生批评她："这次你的视力算是保住了。不过，如果再有下一次，你的眼睛就肯定没用了！"10天之后，仲兆敏果断出院。没过多久，一个漫天飘雪的清晨，仲兆敏再次出现在秋林糖果厂的大门前。有人提出，应该将厂里那辆旧面包车借给厂长，接送她上下班用，却被她拒绝了。时间悄然走到了1996年年末，糖果厂已欠下了总公司七八百万元的债务。出人意料的是，仲兆敏此时反倒冷静了下来。她意识到，求人不如求己，与其到处寻找合作方，不如从糖果厂自身的历史产品中发掘资源。

就这样，"里道斯"被列上了秋林糖果厂的项目日程。

## 复活里道斯，希望就在脚下

里道斯，是仲兆敏为之付出努力的"新"产品，更是哈尔滨家喻户晓、耳熟能详的老名字。

1896年，沙皇俄国攫取了在中国东北修筑中东铁路的特权。来自30多个国家的欧洲移民涌入了哈尔滨，人数最多时达20余万。一时间，哈尔滨被称为"东方莫斯科"。伴随移民的到来，西方文化也悄然来到古老的东方。大批俄国侨民聚居在哈尔滨，将欧洲饮食风俗和西餐食品加工技术带到了哈尔滨。一时间，面粉厂、面包房、肉类食品厂、啤酒厂在这座城市相继兴建，西餐饭店也如同雨后春笋般出现在大小街区。

里道斯正在此时传入哈尔滨。中华人民共和国成立后，里道斯依然活跃在哈尔滨的大街小巷。由于种种历史原因，1957年开始，里道斯销声匿迹，不复出现。

从担任厂长开始，仲兆敏就对里道斯有了急迫感。她想到，工厂里掌握红肠制作工艺的老师傅相继去世，在世的师傅们年纪也越来越大。如果不及时保护并抢救秋林里道斯红肠制作工艺，这项宝贵的民俗食品就可能失传了。通过抢救红肠制作工艺，重新推出40年未见的里道斯，不正是一箭双雕的好事吗？

说干就干。仲兆敏马上四处寻访当年参加过里道斯生产的老技师，反复与他们沟通，一一记录下红肠制作的每个细节；又查阅大量资料，再结合哈尔滨人的口味，在工厂里展开试制，从腌肉、斩拌到灌制、熏烤，每个环节都进行了无数次尝试。

由于哈尔滨冬夏温差很大，需要根据季节的变化调整生产温度，确保红肠能够达到最佳口感。为此，仲兆敏和老师傅们不断研究试验，为了确保能够找回当年秋林里道斯的正宗味道，她又和同事们免费邀请市民品尝试制出来的红肠，尤其重视老人们的意见，并依据这些意见对红肠进行调整。

克服了种种困难，试制终于成功，但新的问题又放上了议事日程。

想要批量生产里道斯，生产线和厂房不可或缺。然而，秋林公司为了填补糖果厂这个财务上的大窟窿，已经形成决议，要求仲兆敏尽快与公司安排的客户沟通谈判，将厂房租出去。

仲兆敏却有着不同想法。在她看来，即便厂房能换来一年数十万元的租金，但也只能给全厂工人发几个月工资而已。这样坐吃山空，又有多大价值？

颇为有趣的场面发生了，凡是总公司安排的谈判，几乎都被仲兆敏"拖"成残局，面对仲兆敏提出的种种苛刻要求，客户或者是知难而退，或者是过期作废，没有一家企业能成功满足条件。

一次、两次，总公司领导算是看出点门道，却也被仲兆敏的坚决态度打动了，干脆告诉她："你想要自己干，那就再试试。要是你能让糖果厂的红字儿变蓝，我就敢把我那辆林肯车奖励给你！"

厂房算是保住了。在随后的日子里，仲兆敏每天都去总公司"磨"，终于又借来了宝贵的 90 万元。她立即将这些资金全部投入到生产线购买和建设中，她知道，这次不管胜败如何，真的是背水一战了。

1997年10月20日,秋林里道斯红肠正式恢复生产。这款红肠的独到之处,在于沿用了传统俄式工艺制作,使用硬杂木熏烤,原材料为排酸猪肉和牛肉,直到今天,这种工艺依然在全国独一无二。

当里道斯重新出现在哈尔滨街头时,冰城人民报之以热烈回应。正式上市那一天,销售门市部门前排起了长队,其中不乏银发苍苍的老人,大家有着共同的心愿:尝尝里道斯!尝尝数十年未见的那份风味!

很快,里道斯就供不应求。连续3年,仲兆敏不断扩大流水线,将生产量提升到日产60吨。到2001年,秋林糖果厂顺利实现扭亏为盈。仲兆敏曾费尽心力,想要从外部寻找希望,但秋林人的保护神,终究还是在北国的天空中舒展出活力四射的双翼。

## 第四节 改制后的坚持

有效的创新始于细微之处,它们并不宏大,只是努力去做一件具体的事而已。

——彼得·德鲁克

2003年,里道斯为濒临死局的秋林糖果厂缓缓注入生命能量。与此同时,国企改制的风暴席卷到了遥远北国的冰城。

从秋林总公司突如其来的消息,让仲兆敏陷入迷惘:包括糖果厂在内,整个公司的国有资产都要出售给外省民营企业。

仲兆敏自己带领着全厂上下所有人苦干3年,终于扭亏为盈,可现在来了一个外来户"摘桃子"?整夜整夜的失眠,让仲兆敏无比痛苦。她默默祈祷,期盼着奇迹的发生。

奇迹终于发生了。政策在最重要的时间点发生改变：国有企业改制方式，可以根据全厂职工代表的投票予以决定！

2006年，仲兆敏凭借多年的领袖威望，在改制中以78%的比例，赢得了投票。秋林糖果厂以自我改制方式，脱离原秋林公司，由国企转变为股份制有限公司，改名为哈尔滨秋林里道斯食品有限公司。

报出投票结果的那一瞬间，台下许多工人抱头痛哭。他们为职业生涯迎来转机而激动，同样也为仲兆敏的命运逆转而庆幸。人们相信，脱离了体制，就意味着职工利益与企业利益相挂钩，每个人都将直接为自己而工作。人们更相信，脱离了体制，就代表着仲兆敏成为名副其实的当家人，她再也不需要遵从行政命令，而是凭借自己对市场的理解，来稳稳操控秋林里道斯食品有限公司这艘大船。

仲兆敏并没有辜负大家的期待。她从里道斯的畅销中，寻找到另一个突破点：格瓦斯。

2009年，仲兆敏决定，要恢复格瓦斯的生产，让哈尔滨人继续找回当年的味道。为了做出这样的味道，仲兆敏决定，降低利润，严格按照传统工艺生产。

从单纯的企业成本管理上来看，如果不采用面包发酵而采用麦芽汁发酵工艺，秋林格瓦斯生产基地至少能够裁掉70名一线工人，按照平均每人每月3000元工资，每个月仅在人力成本上就能减少20多万元。

反之，选择坚守传统工艺，则需要每天有60名专职工人手工揉制3000个"大列巴"面包。其中，手工和面只是第一步，更重要的是手工揉面。如果采用机器揉面，很容易破坏面团表面薄膜，导致烤制过程中面包表面开裂。而面包表面是否完整，又会直接影响大列巴的香味，从而影响格瓦斯的品质。为此，就必须付出大量人工成本来完成全手工的原料准备过程。

仲兆敏相信一句话："不用面包发酵，就不能被称为格瓦斯。"

面团揉制并烤制一小时之后，麦香四溢的大列巴顺利出炉，但随后还会有更复杂的工序。大列巴必须切片并在高温下烤制一小时，直到烤出金黄色。这是一个看似简单但控制起来又特别困难的过程，如果味道不能经过质检，一炉的面包片就要作废。

经过自然降温后，烤好的面包片还需要压成两寸大小的碎片，然后再投入到粉碎机中，打成面包渣，最后抽到发酵罐中浸泡，确保中间没有一丝污染。再加入乳酸菌、酵母菌并经过 48 小时的发酵后，充满面包香的金黄色格瓦斯原液终于形成。

在这一过程中，"发酵"被秋林人看作最具良心因素的工艺。秋林格瓦斯哈南生产基地厂长房玉明说："从时间上而言，两小时或者两天的发酵，在口味上并没有明显差别，只不过喝进胃里所产生的效果不同。发酵时间短，益生菌数量不够，就难以达到帮助消化、护胃养胃的效果……我告诉员工，咱们的格瓦斯，咱爹妈也会喝，能糊弄吗？"

秋林人坚信，品质水平会决定格瓦斯的命运，他们始终在仲兆敏领导下，坚持那些看上去"缺乏必要"的制度。例如，坚持手工揉面，坚持发酵 48 小时，坚持在工作前"像医生进手术室那样消毒"。

没想到，百年品牌的影响力、产品过硬的质量加上东北人与生俱来的怀旧情怀，让秋林格瓦斯刚一推出，就受到了当地消费者的追捧。正因为有这样的追捧，以至于日后娃哈哈格瓦斯组织营销力量进攻哈尔滨时，遭遇的是消费者的拒绝。当娃哈哈格瓦斯广告在电视荧屏上铺天盖地时，秋林格瓦斯却有勇气在微博上率先开炮，打响"平民与巨人之战"。

遗憾的是，人们很快看到，这场励志但惨烈的战事，最终以两败俱伤收场。

## 第五节 危 机

如果你想要占领制高点，就要采取进攻战方式；如果你想要守住制高点，就要采取防御战；如果你想绕过制高点，寻找薄弱环节迅速突破，就要选择侧翼战；而当你只是想在山下盘旋寻找机会，那么就应该主张游击战。

——杰克·特劳特、艾·里斯，《商战》

2017年，格瓦斯之争早已成往日硝烟。仲兆敏对于当年的"口水战"毫不避讳，她说："这么几年之后，回头看我们当时在微博上提出'山寨你也正宗点'这样的说法，确实是引起了竞争对手的反感。其实，我们完全可以用更具主动地沟通、用更具战略的眼光来看待彼此的不同点。"在这一年的中国饮料年会上，62岁的仲兆敏特意拜会了72岁的娃哈哈掌门人宗庆后，表达了对当年口舌之争的遗憾，并希望两家能共同推进格瓦斯这一饮料品类的发展。

### 扩张的危机

2009年，秋林格瓦斯单年产量达到5000吨，一举抢占了东三省近九成的市场份额，将行业对手远甩脑后；2011年，秋林格瓦斯深感在哈尔滨的发展受厂区基地、生产机械、物流配送等外界条件限制，将厂迁到天津宝坻，意图将这里打造为进攻京津唐和全国市场的桥头堡；2012年3月，当第一批格瓦斯诞生后，秋林广邀天津市区各大小经销商现场品尝，受到广泛好评。迁厂第一年，他们就创下2万吨的销量。

直到娃哈哈大举入侵格瓦斯品类之前，秋林的战略计划都是明确的：立足天津，辐射周边区域，在3年内建设三期厂房工程，最终达到年产量10万吨，图谋全国市场。

2013年，借助与娃哈哈的争斗，秋林格瓦斯迅速提升了知名度。那些原先并不了解秋林格瓦斯历史的消费者，也知道了这边远城市的百年品牌，秋林格瓦斯开始从众多哈尔滨当地格瓦斯品牌中脱颖而出，成为消费者心中最正宗的"行业老二"。看起来，仲兆敏和她的秋林，通过与娃哈哈的"口水战"，俨然从地方诸侯，逆袭成为饮料行业的超新星。而格瓦斯也伴随着不断扩大的营销版图，获得一窥中原的实力。

仲兆敏与领导层决定乘胜追击，一系列措施伴随营销领域的扩大而迅速布局：天津宝坻工厂开始扩大生产，并在哈尔滨哈南工业新区建设了更大的格瓦斯生产基地；同时，投入5000万元，从德国购买了一整套崭新的流水线，生产易拉罐装格瓦斯。

此时此刻，秋林人仿佛看到，格瓦斯这一健康饮品，将带着他们的梦想，走出东北，走向全国。然而，潜伏在一派大好形势之下的危机，也开始慢慢展现。

随着娃哈哈格瓦斯在营销力度上的迅速收缩，整个格瓦斯品类似乎也走进了市场的冬天。一方面，娃哈哈用5亿元广告费打开的营销路子逐渐变窄，出现在顶级媒体上的格瓦斯广告越来越少，直到消失；另一方面，秋林集团在天津宝坻经济开发区的一期投资将近2亿元，并计划在3年内完成8亿元的投资规模，再加上为新引进的流水线源源不断的投入，这些数字，都成了吞噬盈利的"黑洞"。

2013年年末，秋林格瓦斯尚未登上4亿元的业绩顶峰，久经沙场的仲兆敏却已提前意识到，数年来的扩大之道似乎埋藏着隐忧。

## 巨量压货

经销商压货的现象很快出现了，当时许多规模较大的经销商仓库中，从上到下装满的全都是秋林格瓦斯，眼看着其中许多产品已逼近了保质日期。与此同时，厂房的生产线上却不断推出一瓶瓶格瓦斯。这些新产品虽然为企业带来了账面上的营销收入，但却并没有真正进入消费者的手中，最终压在库房里，成为拖累秋林品牌的负资产。

另外，秋林格瓦斯为了维持营销团队的成本，也相当令人吃惊。当时，广东、浙江、湖南等地的经销商，一年总体销量才只有320万瓶，在秋林格瓦斯全国营销收入中，只占有很小的分量，但秋林却为此付出大量的资源，包括物流、快递、网点、业务人员、管理团队……

当我们的调查临近尾声时，问题暴露得越来越充分：作为全国饮料市场上的新品类，秋林格瓦斯的营销范围过大，导致其资源被分摊到不同区域、不同层级，难以形成聚焦于一点的积极作用。

2014年销售额顶峰之后，秋林格瓦斯陷入销量下跌的压力，在短时间内，其全国营销额重新跌回到不到1亿元。从4亿元跌回到1亿元，市场迫使所有人理性面对现实。很快，仲兆敏同意进行全线收缩。秋林格瓦斯逐步砍掉所有长江以南的经销渠道，对于凡是到期的经销商，一律不予续签合作协议。随后，秋林又进一步撤退，将营销区域回收到东三省与京津地区。与此同时，秋林格瓦斯关停了天津工厂多余的生产线，暂停了罐装生产线，惨烈的壮士断腕，换来的是一年减少了3000万元成本的新机会。

相比娃哈哈格瓦斯的销声匿迹，仲兆敏成功导演的撤退，堪称中国饮料业界一次成功的"敦刻尔克大撤退"。

## 第六节　聚焦单品

战略制定者不能过于狭窄地去理解竞争，事实上，在制定战略时，还需要考虑到客户、供应商、潜在竞争者和替代产品等其他力量，正是这些竞争力量的交错，才会影响企业是否能够如愿地完成定位战略。

——迈克尔·波特，《重塑战略》

## 敌人是碳酸饮料

秋林的竞争对手不是娃哈哈，也不是其他企业的格瓦斯品牌，而是品类外的敌人——碳酸饮料。

碳酸饮料发源历史悠久、传播范围广泛。其本身是指在一定条件下充入二氧化碳气体的饮料，主要成分包括碳酸水、柠檬酸等酸性物质以及白糖、香料等，有些还含有咖啡因和人工色素。除了糖类能给人体补充能量外，充气的碳酸饮料几乎不含任何营养。

从20世纪80年代开始，碳酸饮料得到迅速发展。尤其是可口可乐和百事可乐等"洋品牌"进入国内后，该品类更进一步占据了消费者心智。1995年，碳酸饮料总产量达到300万吨，占当年我国软饮料总产量的50%左右。在这一时间段，消费者谈及喝饮料，往往都会联想到碳酸饮料品类。

不过，消费意识的更新迭代是不可阻挡的。随着消费者健康消费意识的升级，碳酸饮料销量出现了萎缩。2008年，以可口可乐为代表的碳酸饮料在北美地区的销量同比减少3%，而非碳酸类饮料销量同比增长5%。到2014年，可口可乐公司净利润比前一年下滑了17%，第四季度下滑高达55%。

无论是数据演示，还是市场调研，都说明碳酸饮料在消费者心智中的强劲位置发生了改变。那么谁来补位其快速丢失的市场份额与心智空间呢？格瓦斯有没有这样的能力？

秋林格瓦斯属于面包发酵类饮料,其发酵本身能够产生二氧化碳气体,而不需要人工充入。从口感上看,其轻薄的酸甜味、淡淡的面包香、馥郁的花果气息,加上略微刺鼻杀口的菌落气息,都能与碳酸饮料相抗衡。不仅如此,格瓦斯含有一定数量的蛋白质、氨基酸、糖、酵母、维生素 B 和乳酸、乙醇等成分,饮用后对人体有良好营养保健效果。

既能弥补碳酸饮料的不足,同时又兼有其特色优点,格瓦斯这一品类理应能在碳酸饮料退潮的大势中,夺取应有的心智阵地。

针对碳酸饮料品类,我们重新修改了格瓦斯的 LOGO 和产品故事。此前,秋林格瓦斯的产品标签上,最突出的字样只有"秋林格瓦斯"和"1900"字样。但事实上,这样的策略并不成功。除了哈尔滨和东三省,全国各地消费者对格瓦斯所知甚少,许多年轻人甚至对此根本闻所未闻,也就无从唤起对秋林的认同感。我们建议它在品牌名称旁要注明品类"面包发酵饮料",并提出了"饭后来一瓶"这句口号,突出了格瓦斯的助消化功能,对立定位与碳酸饮料的不同。

## 强弓配利箭

秋林格瓦斯获得了表面上营销额的增长后,领导团队迅速决定了扩大经营的方针,并具体表现在增加产品项目上。三条新生产线陆续组建起来。随后,1.5L 大瓶包装、420 毫升瓶装、易拉罐装、礼盒装……不同容量、外表和包装的秋林格瓦斯,从厂房中鱼贯而出,被送上繁忙不息的物流链条,运送到全国各地。

强弓须配利箭,属于他们的"箭头"在哪里?

对传统工艺的尊重和传承,无疑是秋林格瓦斯最值得骄傲、自信的宝贵财富。但是,由于缺少聚焦,没有一个足够锋利的"箭头"打开市场,所以才有了后来应对下滑趋势的乏力。如今，想要更进一步成长，就必须超越固守的营销思路。

单品战略，正是在此时提出的——用一种产品、一种品项，去对市场形成聚集性的冲击。推行的单品看上去单一，但正因其简单直接，才能在消费者心智中留下牢固不可磨灭的形象，从而难以被其他品牌所超越和颠覆。

例如，提到苹果和小米，人们首先想到的是iPhone和小米手机；香飘飘是杯装奶茶；加多宝是红罐凉茶；格力是家庭空调。尤为典型的是"可口可乐"，对单品品项的坚持，1915～1957年的42年时间里，他们始终运用195毫升的玻璃品包装。即便到1961年推出大包装塑料瓶，但可口可乐还是明智地使用小玻璃瓶作为宣传符号，并将这一形象印在所有新包装上。直到2008年北京奥运会，玻璃瓶依然是宣传产品……

重新分析单品的不同特性，就等于找到你的品牌竞争力来源；重新认识你的最主要竞争对手，就能避免在错误的特性上进行心智定位。

我们能感受到，摆在仲兆敏面前的，是一道艰难的选择题：是停掉其他包装与容量产品的生产，只保留350毫升瓶装的格瓦斯，还是保持原有生产规模，不做"伤筋动骨"的改革？值得庆幸的是，她选择了前者。

考虑到面包原料、手工制作等较高的制作成本，格瓦斯聚焦单品350毫升瓶装，与之相匹配的战略是价格。

2017年上半年，格瓦斯终于止损，为秋林再次带来了600万元的盈利。对于一家大型企业来说，这并不算多大的盈利。但引人深思的是，取得此成绩的，恰恰是一家处于战略收缩中的企业。这足以说明，它已经在聚焦中获得了"重生"。

秋林格瓦斯，自此有了锋芒毕露的箭刃。

## 结　语

　　仲兆敏是一位极具个性与活力的女企业家，她有着那个时代的苦干、实干、勇干的典型精神，她很少提及个人的功绩，而是常常感谢时代、感谢身边每个人："格瓦斯历史悠久，但能够出现在市场上，归根结底还是国企改制激发了秋林人的活力，全厂上下同频共振，才有了今天的秋林格瓦斯。"

　　每个企业在前进的路上，都会遇到波折，区别只是你用什么方法解决。格瓦斯的再获新生，让人不得不想起另一位"巨头之子"的短暂生命。

　　2013年11月9日，恒大冰泉问世。高端矿泉水本是非常有市场的细分品类，但遗憾的是，恒大在其矿泉水品牌定位上，犯下了导致失败的错误。

　　首先，用恒大命名矿泉水，人为制造出心智混乱因素。恒大已经是国内最好的足球和地产品牌，人们在记忆中将其简单化并完全接受。而再想要人们将恒大这个词同矿泉水联系起来，无疑超出了消费者的心智容量。

　　其次，广告中表达的品牌诉求变化太多，过于复杂。

　　一开始，是"恒大冰泉关注民生"，随后又变成"恒大冰泉，一处水源供全球"，还有"搬运的不是地表水，而是3000万年深藏火山的冰川水"。2014年年底，恒大冰泉又改走明星路线，请成龙、韩国明星李敏镐做代言，"喜欢我，就喝恒大冰泉"。高价位矿泉水的消费者选择的通常是品牌的价值，而不是明星。

　　恒大冰泉在战略定位不清晰的情况下，又推出了过于复杂的广告文案，在品牌传播过程中变化太快，缺乏定力，加剧了传播的变化性。每种诉求作为宣传内容，向市场投放几十天之后，发现效果不佳，就立刻更换。这种节奏让消费者猝不及防、难以预期，更无法形成牢固记忆。终于，恒大冰泉在2014年亏损23.7亿元，消匿于市场。

　　对企业来说，战略定位的实施，只是帮助事业迈向成功的第一步。企业管理者必须从短期利益的迷思中走出来，懂得必要的舍弃和付出，承担应有的痛苦与迷茫，才能获得真正的转机。

CHAPTER10
## 第十章

# 从烙馍生意到"大张"品牌

## 第一节 喧哗中的危机

孙子有云:"善守者,藏于九地之下,善攻者,动于九天之上,故能自保而全胜也。"

2011年11月,徐州三环南路上,一家主打徐州烙馍的本地菜餐厅人声鼎沸,老板张宗锋看着络绎不绝的客人,不免念起几个月前被迫关闭拆除的第一家店,只存在了短短48天,投入的资本有去无回。如今,这家新店面积达1700平方米,开业第一天人们就蜂拥而入,短短3个月,已经收回前期投资成本,保持着每日入账5~6万元,在市区人口不足200万的徐州古城,算是创造了那一年的餐饮奇迹。

作为"70后"少壮派的张宗锋,给烙馍店起了一个颇有江苏锦绣质感的名字,"苏锦1号烙馍村"。想当年,他19岁来到徐州打工,从食堂帮工到自立门户，一直是在餐饮行业摸爬滚打，既做过徐州农家乡土菜，也在烤鸭品类分过一杯羹。他坚信自己的眼光，也在寻找着新的机遇，直到一次他出差到济南看到当地名吃"煎饼大葱"，突然想起徐州的传统小吃"烙馍馓子"——既然味道上不输山东煎饼，自是蕴藏着巨大商机。于是，从筹备到开店只用了半年时间，张宗锋的"烙馍村"从此开启了徐州餐饮业的"烙馍风"。

烙馍，曾经是徐州女人的一项基本技能，也是很多传统人家考核新媳妇的一个标准。随着时代变迁，当女孩们不再驻足于厨房时，"烙馍"也成了小商贩在徐州的街头营生。制作的过程通常是两人搭伙，一人负责揉面、擀薄，一人负责烧火、在鏊子上翻转。擀烙馍靠的是经验，擀完了必须又圆又薄，再轻轻一挑翻转烙熟，翻烙馍要掌握火候，时间短了夹生，长了又容易糊，只有恰到好处才会让舌尖体味到泛着面香的筋道。所以，小小烙馍虽然看着不起眼，做起来却是门技术活。

据说烙馍已经有2000年的历史，当年楚汉之争时，徐州老百姓为了支持刘邦，用自家粮食开发出了一种方便行军的食物"烙馍"。在饥寒交迫中获粮的刘邦军队，自此长驱直入建立了大汉王朝，烙馍也被作为具有历史意义的美食传承了下来。

到了2015年，烙馍风已兴起几年，徐州市内林林总总开了几十家叫"烙馍村"的餐厅，有的就餐环境高端雅致，有的资金实力雄厚，张宗锋虽然曾经是当地餐饮业烙馍品类的引领者，如今却陷于同质化竞争的苦海中。

此时，徐州人都知道"烙馍村"是本地菜系餐厅，却不知道哪家才是最好的"烙馍村"。久而久之，张宗锋的优势已经消失殆尽，虽然他推动了烙馍品类的发展，却没有享受到先发者的胜利果实——顾客被后来众多的跟风者分流掉了。好在他嗅觉敏锐，面对同样产品、同样明档装修的对手，"苏锦

1号"虽日入斗金,但他已预感不妙。为了转移风险,他又开拓了其他门店,包括烤全羊、火锅、饺子等,却发现问题有增无减。骑虎难下之际,已是一片"红海"的烙馍,又迎来了品类外竞争者……

在 2014 年,张宗锋曾与我聊过他的生意,当时他正值春风得意,每家门店 365 天都需要排队,红火到让人眩晕。我却直言不讳,让他把"苏锦 1 号"这个名字改了,显然对他来说,既不忍心也不能理解。后来,据他说也是难耐危机的煎熬,干脆抱着破釜沉舟之心,再次找到了我们。

于是,就有了"大张"这个品牌的诞生。

## 第二节　突围七寸

> 一个无力的、毫无意义的名字,难以进入人们的心智,你必须起一个能启动定位程序的名字,一个能告诉潜在客户该产品主要特点的名字。
>
> ——杰克·特劳特、艾·里斯,《定位》

### "有品类,无品牌"的竞争

张宗锋的"烙馍村"产品很经典,规模也具有优势。但为什么还是陷入红海?从战略定位的角度来看,他的尴尬处境,就是商业竞争中典型的"有品类,无品牌"格局。

我们在调研中发现,食客们大多只说餐厅是"烙馍村",对于究竟是什么名字或是品牌的烙馍村却并不在意。这些企业不论利润高低,都有着巨大的风险,一旦出现味道、价格更贴近大众的新品牌,消费者就很容易流失。也许新企业两年内能够赚得盆满钵满,但没人敢保证其未来的发展究竟如何。

从宏观来看,徐州的餐饮市场潜力巨大,截至 2017 年年底,华东地区餐饮行业收入占全国餐饮行业总收入的19.9%，同比增长11.9%。江苏省是华东地区四个省市中餐饮门店最多的省份，其餐饮门店数量占全国门店的7.5%。徐州餐饮门店数达到44 460家，总人口876.4万，万人餐饮门店数50.7[⊖]。餐饮店的总数排在了江苏省的第三名，仅次于苏州和南京，但是万人拥有餐饮店数，却不到全省平均值54.0。

一方面是市场的上升空间；另一方面是当地餐饮业的混战。

当一个古老品类重新获得了市场的关注时，"没有品牌"并不是坏事，从鳞次栉比的竞争对手中发力，创建一个与众不同的品牌，它就会迅速成为领导者。解决困境的"七寸"，也正是在这里。

## 呼之欲出的"大张"

既然要创建一个领导者品牌，"苏锦1号"这个名字就显得有些格格不入。

"苏锦"虽然寓意了品类，但却寓意不了烙馍这个品类，它给顾客的第一感觉更像是苏州丝绸的品牌，与烙馍的关联度很低。另一个层面上，"苏锦1号"的发音也是不利于传播的，至少不如两个字的品牌名利于传播。

**一个好的品牌名，"要么特别像品类，要么特别不像品类"，如"蒙牛"牛奶就属前者，品牌名寓意了品类属性；"瓜子"二手车就属后者，品牌名与品类形成巨大反差，且"瓜子"非常具象，易于记忆。**

回到徐州这个城市，它是中国历史名城，连接华北平原与长江三角洲，自古都是兵家必争之地。从刘邦项羽的楚汉之争，到三国时期的风云交汇，隋唐时期的京杭大运河从中流过，这里都留下了为数众多的历史典故。

为此，笔者与张宗峰定下了这样一个原则：名字必须能够体现本地文化特色，同时能够让客户快速记住。尤其是联想到徐州历史名人汉高祖刘邦，

---

[⊖] 资料来源：辰智餐饮大数据研究院。

有首诗"大风起兮云飞扬，威加海内兮归故乡"，如果用"大风歌"，既可以凸显出烙馍的徐州烙印，也可以用刘邦的形象为品牌加持。然而，"大风歌"这三个字已经被其他企业注册，张宗锋与对方进行商讨，试图购买"大风歌"品牌的所有权，价格从40万元叫到80万元，谁料最后对方索性不卖了，我们不得不与刘邦"擦肩而过"。

迫在眉睫之时，"大张"呼之欲出。

"大张"，听起来带有浓郁的老字号特点，亲民、朗朗上口，而且烙馍正是"一张张"烙出来的，称之为"大张"，正好借用了心智对烙馍的形象记忆，再加上它又暗合张宗锋的"张"字。性格爽快的张宗锋果断拍板，就叫"大张烙馍村"了！

## 第三节 "徐州味道"私有化

市场营销是一场争夺顾客认知的游戏。你需要资金使自己的想法进入潜在顾客的心中，一旦进入，你也还需要资金使自己的想法继续留在顾客心中。

——杰克·特劳特、艾·里斯，《22条商规》

### 烙馍就是"徐州味"

2017年，张宗锋在徐州当地已经小有名气，走在路上，甚至有老太太认出他，"哎呀，你就是那个大张？你的普通话太不普通了，一口的徐普……"这一年，每天中午12点开始，张宗锋的声音就出现在徐州的电台里，一天30遍："大张烙馍村，地道徐州味……"

广告轰炸的攻势下，很多徐州百姓和外地来的游客，都记住了他的"地道徐州味"，还有他抢耳的徐州腔普通话——短短10秒，却一枝独秀，"徐普"甚至成为年轻人眼里的时髦说法。

如今,"大张"的营业额已经提升了30%,顾客有时需要提前3天预约才能有位置,甚至章子怡和汪峰来徐州,都是用演唱会门票才换到餐厅包房。"大张烙馍村"俨然已经成为徐州烙馍的代名词。

为此,张宗锋实施了一系列举措,我们称之为"公有财产私有化"。

何为"公有财产"?

烙馍是徐州几千年的饮食习惯沉淀下来的产物,它也是徐州当地的公有财产。如果没有一个品牌去代言这个公有财产的话,它就是人人都可以拿走的。比如,你做烙馍村,我也可以做烙馍村;你合法,我也合法;你把烙馍村炒起来,我顺势做一个烙馍村。对此,企业毫无防御之力,因为消费者无从判断你的烙馍村和他的烙馍村本质上有什么区别。

**调研结果也确实证明,在徐州人的认知中,凡是名为"烙馍村"的餐厅就是徐州本地菜**。所以,这一广泛认知就是创建品牌的巨大"心智资源"。而这一资源属于"公有财产"。张宗锋要做的,就是让"大张"成为烙馍的代名词,人们一提起烙馍、徐州味道,就想到"大张"。这就给原本属于"公有财产"的产品,打上了自己品牌的名字。

正如提及烤鸭,首先想到的就是全聚德;提及涮羊肉,想到的就是东来顺。无论烤鸭还是涮羊肉,都属于大众美食,但经过数百年的口碑传播,全聚德与东来顺几乎成了烤鸭和涮羊肉的代表名词,这就是"公有财产私有化"的典型体现。

从战略的角度来看,品牌的最大价值,就是代表一个品类或占据一个有价值的品类特性。企业要做的,就是根据自身所处的竞争形势,去建立品牌的优势定位。

基于此,我们提出了"大张烙馍村,地道徐州味"这一定位诉求。"地道

"徐州味"这五个字,让大张烙馍村和徐州本地菜关联了起来,品牌成为徐州本地菜的代表,让徐州人请客吃饭、宴请外来宾朋首选大张,认为"大张烙馍村就是地道的徐州本地菜"。

**公有财产私有化,就是在商战中为品牌建立的一道认知防线。**

## 巧取传播

仅仅解决品牌名称问题,并不足够完成"公有财产私有化"。还要让"大张代表烙馍村"进入心智层面,这就必须依靠传播。

通常的传播方法有两种,一种是广告,一种是公关。广告渠道一定要精准,直接锁定目标客户群,才是捷径。比如,电视虽然家家都有,但日渐衰微、观众寥寥;微信朋友圈虽然强势崛起,但是势能低、受众分散、缺少仪式感。分析之后,我们锁定了当地的交通广播和高铁、机场广告。

**一个城市主流的广播媒体的受众,往往是最大的高势能群体,有车一族就成了这样一个群体,它恰好也是大张的潜在顾客群体。**交通电台的受众群还可以分为以下两类。

第一类是出租车。出租车是一个城市主要的信息交流通道,比如外地人来了,会先问出租车司机本地哪里好。出租车司机天天听广播,不仅知道大张烙馍村而且还经常送客人去,那么他自然地就会把你带到大张烙馍村。

第二类是私家车。这部分人群本身就是现在当地餐饮的主力消费军。尤其是"90后""00后",他们聚会时会选择去吃特色,去"大张"消费的主要场景就是家庭聚餐、宴请、请客。

徐州汇通东西南北,素有"五省通衢"之称,陇海、京沪两大铁路干线交汇于此,铁路年客运量超过4000万人次。而高铁站是人流更集中、流量更大、势能更高的传播地点。"大张"要成为徐州菜的代表品牌,在高铁站做传播，也是一个理想的选择。

如今，你若去到徐州，不论是坐高铁还是飞机，都会看到"大张"扑面而来的大幅平面广告，很多顾客会直接问张宗峰，"高铁广告是不是你们？"这在徐州餐饮业是开创先河之举。

传播的另一种方法是公关活动推广。"徐州伏羊节"是徐州历史悠久的传统节日，在最热的时候，徐州当地人要喝羊汤，所以叫伏羊节。伏羊节在当地社会影响力很大，"大张"连续3年都是其最大的赞助商，在这一过程中也实现了品牌植入。

"有一手好牌，还需要打出去才能赢"。品牌有了好的定位或独一无二的差异性，还需要通过传播，让更多的潜在顾客知道。而最有效的传播就是：在正确的时间、正确的地点，将正确的信息传达给正确的人。

## 第四节　信任状构筑"护城河"

企业必须由一把手亲自负责，确保差异化战略的制定、传播和保持。

——杰克·特劳特、史蒂夫·里夫金，《与众不同》

### 第一家"非遗传承"企业

有了准确的定位，还需要用具有可信度的证明，去让潜在顾客对你产生信赖。

"大张"在发展过程中经营有道，曾获得过很多类似于"餐饮名店""××上榜品牌"等相关荣誉。但我们调研发现，竞争对手也有这些荣誉，因此在这一点上，"大张"并没有独特的差异性——它必须要拥有一个独一无二的东西，才能取得明显的竞争优势。

烙馍虽然是古老的特色餐饮，在徐州却并没有一个旗帜鲜明、能够为所有人记住的传承者。这对大张来说，是非常难得的先机。为此，我们收集了大量关于烙馍的资料，终于发现一个有价值的信息：作为徐州餐饮文化的特色美食之一，"烙馍"是徐州的一项非物质文化遗产，"非遗"自然是最具代表性的信任状。

"大张"既然是徐州最早以烙馍为特色的餐饮连锁企业，那么在传承和推动"烙馍"这项非物质文化遗产方面它是最具代表性的企业。如果成为"烙馍"非遗传承企业，就最能证明它代表着地道的徐州本地菜，从而为品牌构筑起防御竞争的"护城河"。

不出所望，经过各方的努力，到了2016年11月11日，大张烙馍村正式被评为"徐州烙馍非物质文化遗产传承企业"，当天市商务局、市非遗办和市有关单位，以及全国各地的餐饮企业代表共300余人参加了授牌仪式。

"大张"成为徐州地区第一家申遗成功的餐饮企业，"大张烙馍村，地道徐州味"的品牌理念得到进一步夯实。同时，这次成功申遗也引起了媒体的广泛关注，当地媒体持续报道，给"大张"的影响力提升起到了推波助澜的作用。甚至，中央电视台也派出记者采访，让大张烙馍村的影响力突破徐州地区，开始向全国扩展。

## "信任状"升级品牌故事

最初，大张的品牌故事被我们梳理为如下内容，它包含了**品牌、品类、定位诉求、信任状**等要素：

> 大张烙馍村，地道徐州味。
>
> 年就餐人次超过180万。
>
> 地道好吃，当然更受欢迎。

180万的就餐人次是保守统计，实际要超过这个数字。第二年的数字就变成了200万人次，第三年230万人次。逐年增加的就餐人数，显示了"大张"的生意越来越好，形成了热销效应。后来，非遗申请下来后，"大张"的品牌故事也要升级，因为竞争更激烈了。

大张烙馍村，地道徐州味。

大张烙馍村，"徐州烙馍"非遗传承企业。

年就餐人次超过230万。

地道好吃，当然更受欢迎。

烙馍的产品故事：

相传，烙馍源于楚汉相争，2000多年来深受徐州百姓喜爱。大张烙馍村传承烙馍传统手工技艺，选用本地优质面粉烙饼，以鲁花花生油炸馓子，烙馍筋道，馓子酥脆。大张烙馍村，地道徐州味。

大张烙馍村从一个品牌晋升为一个符号，成为这个品类的第一。未来，它的每一次创新都将代表行业规则的进化。当更多的企业在这个品类里追随"第一"的脚步时，烙馍这个公有财产，才真正得到保护。

"大张"，将始终处于这个品类的金字塔顶端。

## 结　语

从连锁率来看，当前中国餐饮市场，规模占比1%以上的品类还不足20个，餐饮连锁率更不到1%，是日本的1/10，是美国的1/15。这说明餐饮品类还很弱小，但是市场机会巨大。

在一个巨大的市场里，企业在品牌经营时，"做什么"和"不做什么"同等重要。不能强化自身定位的业务，必然会消耗企业资源、分散企业家精力、混淆品牌认知。"大张"在执行定位之后，整个团队对此都有了更清晰的认知。

在两年里，张宗锋陆续关闭了烤串店、饺子馆、烤全羊店。之后，企业的资源、人力全部投入到"大张烙馍村"这个品牌上，才大大提升了运营效率。2017年调研反映，顾客对"大张"的品牌认知更加清晰了。"大张"的店面数量虽然没有增加，但营业额显著提升 30%，这就是品牌势能获得了提升。比如，因租期原因，大张的一家店需要迁址，新址位于徐州人流稀少，商业氛围淡薄的开发新区。但大张新店开业后不久，就出现经常爆满的状态。后来陆续有餐饮新店进驻这一区域，其中也有规模更大、装修更为豪华的门店，但"大张"的生意并没有受到影响，反而有所提升。这个事实验证了，只有成为有价值的品牌，才能面临竞争依然能开创顾客。

张宗锋在这两年中，获得了自己作为"非遗传承人"的新角色。过去的他考虑的是企业如何挣钱，这是生意人的思路，现在的他呵护"大张"犹如爱子，企业的目标变了，他也真正成为一名"企业家"。

定位，一方面是为了让企业成就自我，实现品牌再塑造；另一方面，企业的成功，也会成就整个行业，吸引更多的追随者加入，壮大品类，扩大市场。

一个品类的领导者，对于行业、国家都具有非凡的影响力，比如法国的红酒，国人心目认知最高的品牌是"拉菲""拉图"；瑞士的手表，有"江诗丹顿""百达翡丽"。这些品牌既占据了品类，也代表了国家。反观我们自己的丝绸、陶瓷、茶叶、中医、武术等，虽是最悠久、最好的，但除了茅台酒外，在丝绸、陶瓷等其他品类中，人们大多并不清楚哪个品牌最好，甚至有什么品牌都是疑问。

在未来的数十年中，中国企业打造强势品牌的巨大机遇，恐怕也正蕴藏在这些品类里。

# 后　记

"我们扎扎实实地做咨询，是在对社会做贡献；做好了咨询，就是对社会最大的慈善。"

在本书临近出版之际，我飞抵上海，拜访恩师邓德隆先生。听闻我拙笔作书，恩师欣然应允为我作序。让我受宠若惊的是，恩师不仅称我为朋友，更在送别之际，带着感慨，反复嘱咐，那一席话深深扎根于我的脑海中。我曾经困惑于自己孜孜不倦的动力何来，没想到竟借由恩师的几句话参悟。现在，我将它们变成文字，写在第一段，既是对自己的激励，也愿与所有同行共勉。

回想起来，并无悬念，我在完成本书的过程中没有比别人少遭遇瓶颈。它能够幸运地在今天与读者相遇，也并不是我一个人的功劳。

首先，我要感谢对我影响最深的人，邓德隆先生。多年前与恩师的相遇，让我在耳濡目染中领会了定位咨询的"自我修养"；随后几年的相处，又促使我在人生的关键时刻，做出了有魄力的决断。如今，邓老师在百忙中为本书作序，字里行间无不表达出他作为行业领军者的深切责任感，以及内心中满怀着对定位人才成长的关切，为师之道，令我敬佩。

我还要感谢，这些年来与我一起并肩作战的同伴：刘凯歌、李维明、宋凯。他们不仅是我的最佳战友，也和我有着多年的情谊。正是有了他们，才形成了我们团队的灵魂桥梁，我们之间不论是个人的友谊，还是事业上的共同奋斗，都已相处 10 年有余，这是极为难能可贵的。在残酷的商场上，能够与这样的伙伴共进退，是我在创业之路上的莫大幸运。

另外，还应该感谢的，是为了本书的完成与出版，付出了长期努力的文思慧、佟周红、范泽鑫三位编辑。如果没有小鱼传媒与华章公司诸位同事的辛勤参与，本书可能还要再被装载在我们心里好几年。现在，本书如期与大家见面，也要感谢她们的真诚、专业、敬业，这些品质都令我们备受感动与鼓舞。

书中提及的案例的主人公，有些是我的学员。我深知，自己能够与大量的企业家相识，也要感谢清华大学职经中心的聘用。这使我有机会连续 5 年在几十个班，面对数千名学员，传播了定位，让更多企业家受益。与此同时，我还要感谢我公司的伙伴们，他们为了搭建公司的长期战略定位课程平台，做出了默默贡献。

最后，要特别感谢的，是接受我们咨询服务的客户们。大家从最初的相识，到定位的确定与实施，无不密切配合。在长达几年的共同前进中，我们的客户受益于定位，以更好的产品、服务和品牌认知，开创了他们的新增长；同时，我们的团队也因此实践了定位。

略感遗憾的是，由于本人能力有限，表达中难免存在疏漏，虽然团队已经不厌其烦地斟酌过书稿内容，但是我们所学的专业知识，仍难以完整浮现于文字中。我常常在清晨醒来，脑中冒出想要增加的新内容，但考虑到出版时间的约束，又不得不在此歇笔。谨向读者致以我的歉意，并欢迎沟通指正。

李广宇

2018 年 11 月 18 日于北京

APPENDIX
附　录

# 定位：第三次生产力革命

马克思的伟大贡献在于，他深刻地指出了，以生产工具为标志的生产力的发展是社会存在的根本柱石，也是历史的第一推动力——大哲学家李泽厚如是总结马克思的唯物史观。

## 第一次生产力革命：泰勒"科学管理"

从唯物史观看，我们终于明白，赢得第二次世界大战（以下简称"二战"）胜利的关键历史人物并不是丘吉尔、罗斯福与斯大林，而是弗雷德里克·泰勒。泰勒的《科学管理原理》㊀掀起了现代史上的第一次生产力革命，大幅提升了体力工作者的生产力。"二战"期间，美国正是全面运用了泰勒"更聪明地工作"方法，使得美国体力工作者的生产力远超

㊀ 此书中文版已由机械工业出版社出版。

其他国家，美国一国产出的战争物资比所有参战国的总和还要多——这才是"二战"胜利的坚实基础。

欧洲和日本也正是从"二战"的经验与教训中，认识到泰勒工作方法的极端重要性。两者分别通过"马歇尔计划"和爱德华·戴明，引入了泰勒的作业方法，这才有了后来欧洲的复兴与日本的重新崛起。包括20世纪80年代崛起的"亚洲四小龙"以及今日的"中国经济奇迹"，很大程度上都受益于这一次生产力革命，本质上都是将体力工作者（农民）的生产力大幅提升（成为农民工）的结果。2009年12月的美国《时代》周刊将中国农民工这个群体形象作为封面人物，其标志意义正在于此。近几年中国社会科学院的研究报告也揭示，农民工对中国GDP的贡献率一直高达60%。

泰勒的贡献不止于此。根据唯物史观，当社会存在的根本柱石——生产力得到发展后，整个社会的"上层建筑"也将得到相应的改观。在泰勒之前，由于工业革命的结果，造成了社会上资产阶级与无产阶级这两大阶级的对峙。生产力的发展，使得体力工作者收入大幅增加，其工作强度和时间大幅下降，社会地位上升，由无产阶级变成了中产阶级，并且占据社会的主导地位。前者的"哑铃型社会"充满了斗争与仇恨，后者的"橄榄型社会"则相对稳定与和谐——体力工作者生产力的提升，彻底改变了社会的阶级结构，缔造了我们所说的发达国家。

体力工作者工作强度降低后，人类的平均寿命因此相应延长。加上工作时间的大幅缩短，这"多出来"的许多时间，一部分转向了休闲，更多地转向了教育。教育时间的延长，催生了一场更大的"上层建筑"的革命——资本主义的终结与知识社会的出现。1959年美国的人口统计显示，靠知识（而非体力）"谋生"的人口超过体力劳动者，成为人口的主力军。这就是我们所说的知识社会。同样地，知识社会的趋势从美国为代表的发达国家开始，向全世界展开。目前，体力工作者在美国恐怕只占 10% 左右了，剩下的都是知识工作者。德鲁克预计，这个社会转型要到 2030 年才能彻底完成。

## 第二次生产力革命：德鲁克"管理"

知识社会的来临，催生了第二次生产力革命。彼得·德鲁克开创的管理学（核心著作是《管理的实践》及《卓有成效的管理者》[⊖]），大幅提升了组织的生产力，让社会容纳如此巨大的知识群体，并让他们创造绩效成为可能。

在彼得·德鲁克开创管理学之前，全世界能吸纳最多知识工作者的国家是中国。中国自汉代以来的文官制度，在隋唐经过科举制定型后，为整个社会打通了从最底层通向上层的通道。这不但为社会注入了源源不断的活力，也为人类创造出了光辉灿烂的文化，成为中国领先于世界的主要原因之一。但无论怎么说，中国传统社会能被吸纳的知识分子，毕竟只占人口的很少一部分。至清朝时，中国每年还能吸纳两万名左右的知识分子，而美国以同等的人口每年毕业的大学生就高达百万以上，再加上许多在职的人通过培训与进修，从体力工作者转化为知识工作者的人数就更为庞大了。特别是"二战"后实施的《退伍军人权利法案》，几年间将"二战"后退伍的军人几乎全部转化成了知识工作者。如果没有管理，整个社会将因无法消化这么巨大的知识群体而陷入危机。

通过管理提升组织的生产力，我们不但消化了大量的知识群体，甚至创造了大量的新增知识工作的需求。与体力工作者的生产力是以个体为单位来研究并予以提升不同，知识工作者的知识本身并不能实现产出，他必须借助组织这个"生产单位"（或者说具有特定功能的社会器官）来利用他的知识，才可能

---

⊖ 此两本书中文版已由机械工业出版社出版。

产出成果。正是德鲁克的管理学，让组织这个生产单位创造出应有的成果。

对管理学的最大成就，我们可以将20世纪分为前后两个阶段来进行审视。20世纪前半叶是人类有史以来最为血腥、最为残暴、最惨无人道的半个世纪，在这短短的时间段内居然发生了两次世界大战，最为专制独裁及大规模高效率的种族灭绝也发生在这一时期。反观"二战"后的20世纪下半叶，甚至直到21世纪的2008年金融危机为止，人类享受了长达60多年的经济繁荣。虽然地区摩擦未断，但世界范围内的大战毕竟得以幸免（原本，"冷战"有可能引发第三次世界大战）。究其背后原因，是通过恰当的管理，构成社会并承担了具体功能的各个组织，无论企业、政府、医院、学校，还是其他非营利机构，都能高效地发挥应有的功能，同时让知识工作者获得成就和满足感，从而确保了社会的和谐与稳定。20世纪上半叶付出的代价，本质上而言是人类从农业社会转型为工业社会缺乏恰当的组织管理所引发的社会功能紊乱。20世纪的下半叶，人类从工业社会转型为知识社会，虽然剧变程度更剧烈，却因为有了管理，而平稳地被所有的历史学家忽略了。如果没有管理学，历史的经验告诉我们，20世纪的下半叶，很有可能会像上半叶一样令我们这些身处其中的人不寒而栗。不同于之前的两次大战，现在我们已具备了足以多次毁灭整个人类的能力。

生产力的发展，社会基石的改变，照例引发了"上层建筑"的变迁。首先是所有制方面，资本家已经无足轻重了，在美国，社会的主要财富通过养老基金的方式被员工所持有。更重要的是，社会的关键资源不再是资本，而是知识。社会的代表性人物也不再是资本家，而是知识精英或各类专家。整个社会开始转型为"后资本主义社会"。社会不再由政府或国家的单一组织治理或统治，而是走向由知识组织实现自治的多元化、多权力中心化。政府只是众多大型组织之一，而且政府中越来越多的社会功能还在不断外包给各个

附录　定位：第三次生产力革命

独立自治的社会组织。如此众多的社会组织，几乎为每一个人打开了"从底层向上层"的通道，意味着每一个人都可以通过获得知识而走向成功。当然，这同时也意味着竞争将空前激烈。

正如泰勒的成就催生了一个知识社会，德鲁克的成就则催生了一个竞争社会。对于任何一个社会任务或需求，你都可以看到一大群管理良好的组织在全球展开争夺。不同需求之间甚至还可以互相替代，一个产业的革命往往来自另一个产业。这又是一次史无前例的社会剧变！人类自走出动物界以来，上百万年中一直处于"稀缺经济"的生存状态中，然而，在短短的几十年里，由于管理的巨大成就，人类居然可以像儿童置身于糖果店中一般置身于"过剩经济"的"幸福"状态中。

## 第三次生产力革命：特劳特"定位"

### 1. 选择的暴力

全球的经济学家们使尽浑身解数，建议政府如何刺激人们消费，而消费者在眼花缭乱的刺激下更显得无所适从。特劳特在《什么是战略》[一]开篇中描述说："最近几十年里，商业发生了巨变，几乎每个类别可选择的产品数量都有了出人意料的增长。比如，在20世纪50年代的美国，买小汽车就是在通用、福特、克莱斯勒等美国汽车商生产的型号中挑选。今天，你要在通用、福特、克莱斯勒、丰田、本田、大众、日产、菲亚特、三菱、雷诺、铃木、宝马、奔驰、现代、大宇、马自达、五十铃、起亚、沃尔沃等约300种车型中挑选。"汽车业的情形，在其他各行各业中都在发生。如何在竞争中胜出并

---

[一] 此书中文版已由机械工业出版社出版。

赢得顾客，就成了组织生存的前提。

这种"选择的暴力"，只是展示了竞争残酷性的一个方面。另一方面，知识社会带来的信息爆炸，使得本来极其有限的顾客心智更加拥挤。根据哈佛大学心理学博士米勒的研究，顾客心智中最多也只能为每个品类留下七个品牌空间。而特劳特先生进一步发现，随着竞争的加剧，最终连七个品牌也容纳不下，只能给两个品牌留下心智空间，这就是定位理论中著名的"二元法则"(杰克·韦尔奇1981年上任通用电气后，就是运用了这一法则，将不属于"数一数二"的业务关停并转，而不管其盈利有多么丰厚。此举使百年通用电气因获得了顾客心智强大的选择力量而再续传奇，也为韦尔奇赢得了"世界第一总裁"的声誉)。任何在顾客心智中没有位置的品牌，终将从现实中消失，而品牌的消失则直接意味着品牌背后组织的消失。这才是全球市场中不断掀起购并浪潮的根本力量。尽管迄今为止购并的成功率并不高，带给被购并对象的创伤很深，给当地社区的冲击也很大，但受心智中品牌数量有限的影响，全球性的并购浪潮还将愈发汹涌。特劳特先生预见说，与未来几十年相比，我们今天所处的竞争环境仍像茶话会一般轻松。

选择太多与心智有限，给组织社会带来了空前的紧张与危机，因为组织存在的目的，不在于组织本身，而在于组织之外的社会成果。当组织的成果因未纳入顾客选择从而变得没有意义甚至消失时，组织也就失去了存在的理由与动力。这远不只是黑格尔提出的因"历史终结"带来的精神世界的无意义，而是如开篇所引马克思的唯物史观所揭示的那样，关乎社会存在的根本柱石发生了动摇。德鲁克晚年对此深表忧虑：

"我们已经进入组织的社会，所有组织的共通点（这或许多多少少是第一次有共通处）就是组织的成果只限于外部……可是当你去看现今所有关于管理学的著作和思想（包括我所写的一切）就会发现，其实我们只看得到内部，不管各位举出哪一本早期的作品，例如我写的《管理的实践》，或是哈佛商学院教授迈克尔·波特讨论战略的著作，都是一样。这些著作看起来是从外部观察，但实际上讨论的都是组织内部的事情。因此，如果你想要了解管理是怎么回事，管理在做些什么，就必须从外在的成果入手……何为成果？这听起来好像是非常简单的主题，只是目前我已经对它研究了好一阵子，问题却愈来愈糟糕，愈来愈复杂。所以我希望各位，在我语意不清时能够原谅我，因为我知道有些领域我说不出所以然，我也还没有研究透。"

事实的确如此，走进任何一家超市，你都可以看见货架上摆放着80%以上的商品，因为对成果的定位不当而成为没有获得心智力量的、平庸的、同质化的品牌。由此反推，这些平庸甚至是奄奄一息的品牌背后的组织及在这些组织中工作的人们，他们的生存状态是多么令人担忧——这必将成为下一个社会急剧动荡的根源。

## 2. 新生产工具：定位

在此背景下，为组织准确定义成果的新生产工具——定位（positioning），在1969年被杰克·特劳特发明出来，掀起了第三次生产力革命。在谈到为何选择"定位"一词来命名这一新工具时，特劳特曾说："《韦氏词典》对战略的定义是针对敌人（竞争对手）确立最具优势的位置（position）。这正好是定位要做的工作。"在顾客心智中针对竞争对手确定最具优势的位置，从而使品牌胜出竞争赢得优先选择，这就是企业需全力以赴抵达的成果，也是企业赖以存在的唯一理由。正如德鲁克在评价泰勒"四步工作法"时说："泰勒的方法听起来没什么了不起——有效的方法常常如此。其实这套方法花了泰勒整整20年的时间去试验，才整理发展出来。"这段话用来描述特劳特与定位同样适用。

### 3. 定位四步法

为验证与发展定位，特劳特与他的合作伙伴艾·里斯也花了 20 多年，在具体运用上刚好也是四步工作法。

第一步，分析整个外部环境，确定"我们的竞争对手是谁，竞争对手的价值是什么"（这与德鲁克在回答管理第一问"我们的业务是什么，应该是什么"时问的"我们的顾客是谁，顾客的价值是什么"相反，因过多的选择、有限的心智，决定了经营方式已从顾客导向转向了竞争导向）。

第二步，避开竞争对手在顾客心智中的强势，或是利用其强势中蕴含的弱点，确立品牌的优势位置——定位。

第三步，为这一定位寻求一个可靠的证明——信任状。

第四步，将这一定位整合进企业内部运营的方方面面，特别是传播上要有足够多的资源，以将这一定位植入顾客的心智（详见定位经典丛书之《与众不同》㊀）。

### 4. 品牌成主体

第一次生产力革命，是通过泰勒的《科学管理原理》，大幅提升了体力工作者的生产力。第二次生产力革命，是通过德鲁克开创的管理学，大幅提升了组织的生产力。第三次生产力革命，是通过特劳特发现的"定位"（核心著作是《定位》和《商战》㊁，读者应该先从这两本著作开始学习定位），大幅提升了品牌的生产力。

第一次生产力革命自 1880 年开始，至"二战"后达至最高潮，前后共历 70 年。第二次生产力革命，从 1943 年德鲁克着手第一部研究组织的著作

---

㊀、㊁ 此书中文版已由机械工业出版社出版。

《公司的概念》[注]算起，也几近 70 年。从即便是通用汽车的高管（当时最成功的管理者）也不知自己从事的工作就是管理，到如今管理学院遍布全球，管理革命已大体完成。第三次生产力革命，至今已酝酿了 40 年。从定位经典丛书中，读者可以发现关于定位的系统知识与实践检验都已相当完备，定位也不仅仅是"最具革命性的营销观念"（菲利普·科特勒语），而且是战略的核心，"战略就是创建一个有利的定位"（迈克尔·波特语）。如果历史可信，在未来的 30 年里，人类将迎来一个品牌的时代、品牌的社会。无论个人还是组织都要学会运用定位这一新工具"由外而内"地为自己建立品牌（个人如何创建品牌详见定位经典丛书之《人生定位》），从而在竞争中赢得优先选择。并非偶然，德鲁克去世前不久有几乎完全相同的看法：

"你会讶异于定义成果有多么困难……今日各商学院最大的缺点之一，就是以为成果很好辨别；另一个缺点是，迄今我们仅是由内而外去看管理，尚未开始从外而内去看待它。我有预感，这将是我们未来三四十年的工作。"

### 5. 夺取"心智资源"

社会的价值观、财富观，也必将因此而大幅改变。组织最有价值的资源固然不再是土地与资本资源，甚至也不是人力资源、知识资源了，这些资源没有消失，但其决定性的地位都要让位于品牌所代表的心智资源。没有心智资源的牵引，其他所有资源都只是成本。联想最大的资源并非柳传志先生曾认为的"杨元庆们"，而是联想这个品牌本身，因为它在顾客心智中占据了电脑的定位，联想成了顾客心智中电脑的代名词。百度最大的资源也不是"李彦宏们"，而是百度这个品牌本身，因为它在顾客心智中占据了"搜索"的定位，百度就是搜索的代名词，百度因此拥有搜索这一心智资源。可口可乐的

---

[注] 此书中文版已由机械工业出版社出版。

"杨元庆们""李彦宏们"是谁，没有多少人知道，但不妨碍可口可乐几十年来都是全球第一饮料品牌。股神巴菲特之所以几十年都持有其股票，是因为可口可乐这个品牌本身的价值，可口可乐就是可乐的代名词，这才是巴菲特最看重的内在价值以及"深深的护城河"。

衡量企业经营决定性绩效的方式也从传统的财务赢利与否，转向为占有定位（心智资源）与否。这也解释了为何互联网企业即使不赢利也能不断获得大笔投资，因为心智资源（定位）本身就是成果。历史上，新生产工具的诞生，同时会导致新生产方式的产生，这种直取定位（心智资源）而不顾盈利的生产方式，是由新的生产工具带来的。这不只发生在互联网高科技产业，实践证明传统行业也完全适用。随着第三次生产力革命的深入，其他产业与非营利组织将全面沿用这一新的生产方式——第三次"更聪明地工作"。

## 6. 定位激发品牌生产力

不仅是新创企业，即便现有组织的同一个品牌，在其他任何条件不变的情况下，通过定位的调整，生产力的差距也是惊人的。最有名的例子，是IBM通过重新定位为"集成电脑服务商"，从而走出连续巨亏的困境，重获辉煌。西南航空通过定位为"单一舱级"，成为美国最赢利的航空公司，单其一家的市值就超出其他三家资产规模大得多却定位不当的航空公司的总和。宝马通过定位为"驾驶"，从而充分利用了奔驰在顾客心中强势（尊贵）中的弱点（移动不方便），结果从濒临破产的品牌变为风行世界的强势品牌。百事可乐，也是利用可口可乐强势（可乐发明者更"正宗"）中的弱点（祖父辈在喝），界定出自己的新一代"年轻人的可乐"的定位，从破产边缘走出一条光辉大道。云南白药创可贴通过"有药好得更快些"，重新定位强势品牌邦迪的战略性缺点（无药），从而反客为主成为领导品牌。

### 7. 定位提升运营绩效

当定位明确后，几乎可以立刻识别出企业投入中哪些 20% 的运营产生了 80% 的绩效，从而通过删除大量不产生绩效的运营并加强有效的运营而大幅提升生产力。王老吉的实践证明（见定位经典丛书之《2 小时品牌素养》之"详解王老吉成功之道"），无论哪一年针对定位来检索内部运营，总是能发现不少与定位要求不合的运营，同时也存在对定位机会投入不足的运营活动，通过加强后者和删除前者，王老吉在投入并不比竞争者更大的前提下，释放了惊人的生产力，短短七年内，从 1 亿元突破到了 160 亿元，而且仍在高速成长之中……

### 8. 定位客观存在

事实上，已不存在要不要定位的问题，而是要么你是在正确、精准地定位，要么你是在错误地定位，从而根据错误的定位配置企业资源。这一点与管理学刚兴起时，管理者并不知道自己的工作就是管理非常类似。所以，企业常常在不自觉中破坏已有的定位。当一个品牌破坏了已有的定位，或者企业运营没有遵循顾客心智中的定位来配置资源，则不但造成顾客不接受新投入，反而将企业巨大的资产浪费，甚至使企业毁灭。读者可以从定位经典丛书之《大品牌大问题》[一]一书中看到诸如 AT&T、DEC、通用汽车、米勒啤酒、施乐等案例，它们曾盛极一时，却因违背顾客心智中的定位而由盛转衰，成为惨痛教训。

### 9. 所有组织都需要定位

定位与管理一样，不仅适用于企业，还适用于政府、医院、学校等各类

---

[一] 此书中文版已由机械工业出版社出版。

组织，以及城市和国家这样的超大型组织。一个岛国——格林纳达，通过从"盛产香料的小岛"重新定位为"加勒比海的原貌"，引来了游客无数，从而使该国原本高达30%以上的失业率消失得无影无踪。

## 结语：伟大的观念

第三次生产力革命将会对人类社会的"上层建筑"产生何种积极的影响，现在谈论显然为时尚早，也远非本文、本人能力所及。但对于正大踏步迈入现代化、全球化的中国而言，其意义非同一般。李泽厚先生在他的"文明的调停者"一文中写道：

"有学者说，中国要现代化，非要学习基督教不可；也有学者说，要有伊斯兰教的殉教精神。我以为恰恰相反。注重现实生活、历史经验的中国深层文化特色，在缓和、解决全球化过程中的种种困难和问题，在调停执着于一神教义的各宗教、文化的对抗和冲突中，也许能起到某种积极作用。所以我曾说，与亨廷顿所说相反，中国文明也许能担任基督教文明和伊斯兰教文明冲突中的调停者。当然，这要到未来中国文化的物质力量有了巨大成长之后。"

生产力的发展，中国物质力量的强大，中国将可能成为人类文明冲突的调停者。李泽厚先生还说：

"中国将可能引发人类的第二次文艺复兴。第一次文艺复兴，是回到古希腊传统，其成果是将人从神的统治下解放出来，充分肯定人的感性存在。第二次文艺复兴将回到以孔子、庄子为核心的中国古典传统，其成果是将人从机器的统治下（物质机器与社会机器）解放出来，使人获得丰足的人性与温暖的人情。这也需要中国的生产力足够发展、经济力量足够强大才可能。"

这正是中国的挑战。大潮奔涌，短短的几十年里，迫使我们要转千弯，翻千浪，去走完西方走了 150 年才走完的路——怎么办？我们必须同时利用好这三种先进的生产工具，来推动历史前进，为中国继而为人类开创出一个伟大的时代奠基石。

**邓德隆**
**特劳特中国区总经理**
**2011 年 7 月于上海陆家嘴**

# 定位经典丛书

| 序号 | ISBN | 书名 | 作者 | 定价 |
|---|---|---|---|---|
| 1 | 978-7-111-57797-3 | 定位（经典重译版） | （美）艾·里斯、杰克·特劳特 | 59.00 |
| 2 | 978-7-111-57823-9 | 商战（经典重译版） | （美）艾·里斯、杰克·特劳特 | 49.00 |
| 3 | 978-7-111-32672-4 | 简单的力量 | （美）杰克·特劳特、史蒂夫·里夫金 | 38.00 |
| 4 | 978-7-111-32734-9 | 什么是战略 | （美）杰克·特劳特 | 38.00 |
| 5 | 978-7-111-57995-3 | 显而易见（经典重译版） | （美）杰克·特劳特 | 49.00 |
| 6 | 978-7-111-57825-3 | 重新定位（经典重译版） | （美）杰克·特劳特、史蒂夫·里夫金 | 49.00 |
| 7 | 978-7-111-34814-6 | 与众不同（珍藏版） | （美）杰克·特劳特、史蒂夫·里夫金 | 42.00 |
| 8 | 978-7-111-57824-6 | 特劳特营销十要 | （美）杰克·特劳特 | 39.00 |
| 9 | 978-7-111-35368-3 | 大品牌大问题 | （美）杰克·特劳特 | 42.00 |
| 10 | 978-7-111-35558-8 | 人生定位 | （美）艾·里斯、杰克·特劳特 | 42.00 |
| 11 | 978-7-111-57822-2 | 营销革命（经典重译版） | （美）艾·里斯、杰克·特劳特 | 59.00 |
| 12 | 978-7-111-35676-9 | 2小时品牌素养（第3版） | 邓德隆 | 40.00 |
| 13 | 978-7-111-40455-2 | 视觉锤 | （美）劳拉·里斯 | 49.00 |
| 14 | 978-7-111-43424-5 | 品牌22律 | （美）艾·里斯、劳拉·里斯 | 35.00 |
| 15 | 978-7-111-43434-4 | 董事会里的战争 | （美）艾·里斯、劳拉·里斯 | 35.00 |
| 16 | 978-7-111-43474-0 | 22条商规 | （美）艾·里斯、杰克·特劳特 | 35.00 |
| 17 | 978-7-111-44657-6 | 聚焦 | （美）艾·里斯 | 45.00 |
| 18 | 978-7-111-44364-3 | 品牌的起源 | （美）艾·里斯、劳拉·里斯 | 40.00 |
| 19 | 978-7-111-44189-2 | 互联网商规11条 | （美）艾·里斯、劳拉·里斯 | 35.00 |
| 20 | 978-7-111-43706-2 | 广告的没落 公关的崛起 | （美）艾·里斯、劳拉·里斯 | 35.00 |
| 21 | 978-7-111-56830-8 | 品类战略（十周年实践版） | 张云、王刚 | 45.00 |

# 定位经典丛书（英文版）

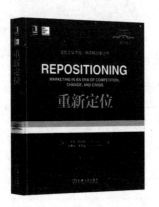

| 书名 | 作者 | ISBN | 价格 |
| --- | --- | --- | --- |
| 978-7-111-55420-2 | 定位（英文版） | [美]艾·里斯、杰克·特劳特 | 89.00 |
| 978-7-111-55412-7 | 商战（英文版） | [美]艾·里斯、杰克·特劳特 | 89.00 |
| 978-7-111-55413-4 | 重新定位（英文版） | [美]杰克·特劳特、史蒂夫·里夫金 | 69.00 |
| 978-7-111-55208-6 | 什么是战略（英文版） | [美]杰克·特劳特 | 69.00 |
| 978-7-111-55707-4 | 简单的力量（英文版） | [美]杰克·特劳特、史蒂夫·里夫金 | 69.00 |
| 978-7-111-55708-1 | 营销革命（英文版） | [美]艾·里斯、杰克·特劳特 | 69.00 |
| 978-7-111-55882-8 | 人生定位（英文版） | [美]艾·里斯、杰克·特劳特 | 69.00 |